岳麓书院

實事求是

从这里走来

钟君

人民东方出版传媒
People's Oriental Publishing & Media
東方出版社
The Oriental Press

图书在版编目（CIP）数据

岳麓书院：实事求是从这里走来 / 钟君等著 . — 北京：东方出版社，2024.4
ISBN 978-7-5207-3518-6

Ⅰ. ①岳…　Ⅱ. ①钟…　Ⅲ. ①中国共产党—实事求是—研究　Ⅳ. ① D261.3

中国国家版本馆 CIP 数据核字（2023）第 111934 号

岳麓书院：实事求是从这里走来
（YUELUSHUYUAN: SHISHIQIUSHI CONG ZHELI ZOULAI）

作　　者：钟　君等
策　　划：姚　恋
责任编辑：邓　翃　李志刚
出　　版：东方出版社
发　　行：人民东方出版传媒有限公司
地　　址：北京市东城区朝阳门内大街 166 号
邮　　编：100010
印　　刷：华睿林（天津）印刷有限公司
版　　次：2024 年 4 月第 1 版
印　　次：2024 年 4 月第 1 次印刷
开　　本：880 毫米 ×1230 毫米　1/32
印　　张：9.25
字　　数：165 千字
书　　号：ISBN 978-7-5207-3518-6
定　　价：49.80 元
发行电话：（010）85924663　85924644　85924641

湖南省社会科学院（湖南省人民政府发展研究中心）
哲学社会科学创新工程资助项目

悬挂着“千年学府”匾额的岳麓书院前门

岳麓书院赫曦台

悬挂着“惟楚有才，于斯为盛”对联的岳麓书院大门

悬挂着“名山坛席”匾额的岳麓书院二门（前）

悬挂着“潇湘槐市”匾额的岳麓书院二门(后)

悬挂着“实事求是”匾额的岳麓书院讲堂

悬挂在岳麓书院讲堂内的康熙皇帝御书匾额“学达性天”（前）

悬挂在岳麓书院讲堂内的乾隆皇帝御书匾额“道南正脉”

序言

实事求是思想路线是实现『两个结合』成功且光辉的典型范例

实事求是思想路线是毛泽东思想精髓，也是马克思主义哲学活的灵魂的中国结晶，是马克思主义哲学普遍真理同中国实际相结合，同中华优秀传统哲学思想相结合的产物——马克思主义中国化哲学的真谛，是中国特色、中国风格、中国气派、中国话语的马克思主义中国化的哲学概括。毛泽东把实事求是思想路线奠定为中国共产党全部言行的思想基础、基本遵循和理论指南。邓小平对党的实事求是思想路线的极端重要性给予了高度的评价，认为实事求是，“是毛泽东思想的出发点、根本点”[①]，是“毛泽东思想的精髓”[②]，“是无产阶级世界观的基础”[③]，我们所取得的一切胜利，“是靠实事求是”[④]。中国共产党百年成功的实践经验说明，能否始终不渝地坚持实事求是思想路线，关系到党和人民事业兴衰成败。

①《邓小平文选》第2卷，人民出版社1994年版，第114页。
②《邓小平文选》第3卷，人民出版社1993年版，第10页。
③《邓小平文选》第2卷，人民出版社1994年版，第143页。
④《邓小平文选》第2卷，人民出版社1994年版，第143页。

一

实事求是是中华优秀传统文化的古语，实事求是思想传统在中华大地源远流长，蕴含中华优秀传统文化的哲学智慧，是中华优秀传统文化的重要基因。实事求是的说法第一次出自中国古典文献《汉书·河间献王刘德传》。班固在《汉书·河间献王刘德传》中，称河间献王刘德“修学好古，实事求是”。河间献王刘德，是汉景帝刘启的第三个儿子，封河间王，都乐城（今河北献县东南）。汉景帝时吴楚等七国之乱、内宫储位之争，使献王刘德感叹儒道衰微、道德沦丧，于是在封地河间国内收集佚书，修兴礼乐，以期通过汇集并研究儒家典籍来振兴儒学。他每得到一本好书，就令人抄写一份送给原来的藏书主人，而将真本留下，并赐给献书者金帛。于是四面八方学问之士纷纷前来献书。他在河间封国内修建规模宏大的日华宫，内设二十余处馆舍，招待四方饱学之士。齐、鲁、燕、赵、代、魏等地的儒者数百人聚集于此，夜以继日地梳理、校勘收集来的儒家典籍，把整理好的儒家经典及礼乐制度典籍保存下来并献给朝廷。“修学好古，实事求是”是班固对刘德的总评价，内含实事求是的优良的治学精神和方法。唐代经学家颜师古把实事求是解释为“务得实事，每求真是”的治学态度和方法，已然带有哲学认识论的意义。

中国古代“实事求是”概念蕴含中华优秀传统文化的哲学智慧。从概念本身来看，实事求是思想传统产生于汉代，流行于清代，直至近代。它一开始提出主要是作为一种良好的治学态度和方法。就当时提出的治学态度和方法来说，“实事”非客观存在的事物，是指文献典籍所囊括的实证材料；“是”也不具有“规律”“真理”的含义，而是指古代文献典籍所囊括的实证材料中所包含的道理，“求是”是从古代文献典籍囊括的实证材料的考据中获取正确的知识和结论。中华优秀传统文化所提倡的实事求是的治学态度和方法，富有科学精神，讲究科学方法，对中华传统学术研究具有重要的指导意义，同时其内含的哲学认识论的精华也逐步发扬光大。

在长期的社会实践历程中，经由中国历代文人学者的阐述演释，实事求是的概念和方法逐步深化扩张为具有深厚哲学认识论内涵的实事求是思想。实事求是思想在中华优秀传统文化的发展进程中，大体上体现为四条思想线索：

第一条线索被中国学界承继和发挥为一种良好的治学精神和治学方法。直至清代，乃至近代以降，实事求是思想被考据学家，乃至广大学者奉为必须遵循的治学态度和方法。实事求是思想倡导的科学的治学精神和态度至今还为学界所奉行。

第二条线索被中国历代儒家承继和发挥为追求伦理道德制高点的修身养性的伦理理念和方法。第三条线索被中国历代思想家承继和发挥为认识事物的路线和方法。第一条线索、第二条线索与第三条线索又往往联系在一起同步演进，融合发展，逐步孕生哲学认识论的含义。宋明理学赋予“是”以规律、法则的内涵，通过“格物致知”或者说“即物穷理”，将实事求是从治学态度与方法提升到追求伦理道德的修身养性的伦理理念和方法，同时又提高到唯心主义认识论的层面。宋明理学家心目中的“理”，更多的是指主观世界运行规律与道德伦理法则，他们求的“是”，是求封建道德伦理修身养性规律、法则之“是”，是寻求宋明理学核心概念“理”内含的“是”。实事求是思想与“格物致知”“即物穷理”理念再度紧密联系起来，和治学态度与方法、伦理理念与方法联系在一起，开启了向哲学认识论进化的历程。当然，在宋明理学那里，对实事求是思想的承继与发挥又分为客观唯心主义和主观唯心主义。尽管如此，这三条线索思想脉络相互融通，向着哲学认识论方向转化发展。

第四条线索是朴素唯物主义学者承继、形成和发挥带有唯物主义色彩的、以科学态度研究事物规律的哲学认识论。中国古代唯物主义思想家王充、范缜、柳宗元、刘禹锡等，他们秉持科学的态度研究客观世界的规律、法则。他们的“实事”已具有客观事物的含义，“求是”则从客观的事实出发求得正确的认识。明末清初唯物主义哲学家王夫之主张即事穷理、即物穷理，认为“有即事以穷理，无立理以限事”，认为要从客观事物中探索规律和法则，而不能先设立一个法则去限制、裁定客观事物。

在社会实践进程中，中国自古以来就生成、传承和发展着求实、务实的精神，中华民族在社会实践中所孕育的含有朴素唯物主义认识论的求实、务实思想赋予实事求是思想传统以深厚的哲学智慧。从求实、务实的思想来说，在先秦时期即已产生。相传大禹治水采用疏浚而非阻拦的方式获得成功，这正是遵循了自然界的规律，也是从水患的事实中寻找规律，把握自然规律，遵循自然规律。《诗经 · 大雅 · 烝民》中讲的“天生烝民，有物有则”，就是说万物都有其自己的规律、法则。从墨家的“三表法”到名家的“历物诸题”，到道家的“道法自然”；从兵家的“知道即可知胜”到法家的“循名而责实”，其中更蕴含了丰富的把握规律、遵循规律的科学认识方法。经过历代学者的演义，实事求是思想传统成为为学做事、治国安邦的格言千古流传，成为内涵丰富的中华优秀传统哲学思想。

这四条线索互相补充，与在社会实践中中华民族所孕育的求实、务实精神相融合，形成了“知行合一、躬行实践”的贵在实干观，成为中华优秀传统知行观的核心理念，构成中华优秀传统文化的瑰宝。知行关系是中国古代思想家不断思考、争论不休的一个重要问题。在知行关系上，先贤们对何为知、何为行、知行先后、知行难易等问题有着不同的看法，大体上分为朴素唯物主义知行观和唯心主义知行观。唯心主义知行观又分为客观唯心主义知行观和主观唯心主义知行观。无论是朴素唯物主义知行观，还是唯心主义知行观，尽管他们所讲的“行”是不同的，但都不是马克思主义哲学意义上的实践范畴。尽管如此，但他们多数主张知行合一，强调躬行实践，倡导言行一致，反对知行脱节，重视贵在实干。例如，宋明时代的思想家们围绕知行关系展开了长时期的争论，但无论是主张“知先行后”的客观唯心主义的程朱理学，还是提出“知行合一”的主观唯心主义的陆王心学，还是主张

“行先知后”的朴素唯物主义思想家们，均重视“行”，强调躬行践履，也多认为知行之间互相依赖、不可偏废。只不过他们是各自站在不同的哲学观上来阐述“行”的。朴素唯物主义哲学观从唯物主义的立场把“行”看作实际的行动，当然也不可能达到马克思主义实践观的高度。客观唯心主义把“行”看作独立精神“理”的“行”，而主观唯心主义则把“行”看作人的内心的“行”。

中华传统思想家们对知行关系的看法、对知行的先后、对知行的重要性认识不尽一致，反映了唯物主义与唯心主义哲学观的分歧。但无论从朴素唯物主义哲学观出发，还是从唯心主义哲学观出发，均强调知行结合、躬行实践，反映了我们中华民族勇于实践、务实进取的精神。这种知行合一、躬行实践的贵在实干观，在西学、马克思主义传入的背景下，到近代又有所发展。特别是现代以来，对中国共产党实事求是思想路线的形成和发展起到了极其重要的滋养作用。

二

在中国革命的伟大实践中，以毛泽东同志为代表的中国共产党人依照马克思主义哲学物质决定精神、实践决定认识的辩证唯物主义认识论的基本原理，对中华优秀传统文化的实事求是哲学智慧进行了马克思主义的创造性改造，吸收其中唯物主义认识论、真理观的合理成分，使之发生了创造性转化，将马克思主义实践观与中华优秀传统思想知行合一、重行务实、重视实践效验的哲学认识论的优秀观点结合起来，加以当代升华，形成了解放思想、实事求是、与时俱进、求真务实，即一切从实际出发，理论联系实际，实事求是，在实践中检验真理和发展真理的思想路线。

早在20世纪20年代末30年代初，在探索中国革命道路、总结中国革命经验与教训、反对“左”右倾路线错误的过程中，深谙中华优秀传统文化“哲学精粹”的毛泽东逐步创立了实事求是思想路线。他在《反对本本主义》一书中特别强调了一切从实际出发，反对教条主义，提出“马克思主义的‘本本’是要学习的，但是必须同我国的实际情况相结合”①，强调“中国革命斗争的胜利要靠中国同志了解中国情况”②，实

①《毛泽东选集》第1卷，人民出版社1991年版，第111—112页。

②《毛泽东选集》第1卷，人民出版社1991年版，第115页。

事求是思想路线具备了雏形。1937 年 7—8 月，毛泽东发表了《实践论》，阐发了马克思主义实事求是的观点，深刻阐述了知行结合、理论与实践相结合的重要性："我们的结论是主观和客观、理论和实践、知和行的具体的历史的统一。"[①] "你要有知识，你就得参加变革现实的实践。你要知道梨子的滋味，你就得变革梨子，亲口吃一吃。你要知道原子的组织同性质，你就得实行物理学和化学的实验，变革原子的情况。你要知道革命的理论和方法，你就得参加革命。一切真知都是从直接经验发源的。"[②] 强调实践是认识的唯一来源，阐明了辩证唯物主义知行合一观和马克思主义认识论。1938 年 10 月，毛泽东在《中国共产党在民族战争中的地位》一文中使用了实事求是概念，"共产党员应是实事求是的模范"[③]。1941 年，他在《改造我们的学习》一文中，对实事求是作了马克思主义的经典阐述："'实事'就是客观存在着的一切事物，'是'就是客观事物的内部联系，即规律性，'求'就是我们去

① 《毛泽东选集》第 1 卷，人民出版社 1991 年版，第 296 页。
② 《毛泽东选集》第 1 卷，人民出版社 1991 年版，第 287—288 页。
③ 《毛泽东选集》第 2 卷，人民出版社 1991 年版，第 522 页。

研究。”[①] 这是对党的思想路线的马克思主义认识论高度的哲学概括。在延安马克思主义学习教育和整风运动中，实事求是思想路线成为统一全党思想的基础。1943 年，延安中央党校修建了一座占地 1200 平方米、可容纳千余人的大礼堂。这座建筑物虽然雄伟宽敞，但大家总觉得少点什么。有人提议在正面挂个题词。一开始，请范文澜题写。但他试着写了几条，都觉得不满意。有人提议去找毛泽东，毛泽东欣然接受了党校同志的请求，挥笔写下了“实事求是”四个雄健潇洒的大字。镶嵌在大礼堂正面的“实事求是”的石刻，使这座建筑物顿添神采、熠熠生辉。“实事求是”遂成为中共中央党校的校训，成为党的干部教育的根本要求。1945 年，毛泽东以“实事求是，力戒空谈”为七大纪念册题词。党的十二大通过的新党章和十二大政治报告更进一步确定实事求是为党的思想路线。实事求是这四个简单的朴实的字包含了深刻而丰富的哲学内涵，集中体现了马克思主义哲学根本思想，科学总结了中国人民斗争实践基本经验，成为全党必须始终如一遵循的基本原则和行动指南。党的实事求是思想路线，经历代

① 《毛泽东选集》第 3 卷，人民出版社 1991 年版，第 801 页。

中国共产党人在实践中不断坚持、丰富、创新和发展，成为推动党和国家的事业不断取得胜利的思想法宝。

三

2020年9月17日，习近平总书记在视察湖南大学岳麓书院时提出“岳麓书院是党的实事求是思想路线的一个策源地”[①]的重要提法。这个提法是对中华优秀传统文化根系的一脉——湘学学派务实重行理念的肯定，也是对中国共产党实事求是思想路线的湖湘贡献的肯定。一本湘人奋斗篇，半部中国近代史。从秦汉起步，到明末清初兴起并在近代发展起来的湘学是中华优秀传统文化的重要组成部分，特别是在近代以来，湘学为推动中华民族发展并走向复兴做出了不可磨灭的贡献。湘学“以禹墨为本，周孔为用”，贵“诚”而轻“浮”，重“实”以明“身”。崇尚实际、注重行动是湘学所追求的学风、特点和精神实质。实事求是、务实重行是湘学的哲学精髓。生于斯、长于斯、成于斯，从湖南生长起来的伟

① 《实事求是，从这里走来——习近平总书记到过的红色圣地之湖南篇》，新华每日电讯2021年5月23日。

大的马克思主义者，受到湘学求实重行理念的深刻影响的毛泽东，在承继和光大中华优秀传统实事求是思想的同时，也承继和发扬了湘学崇实的理念和学风。

湖南长沙岳麓书院为中国古代四大书院之一，是传承湘学“实事求是，务实重行”理念的重要策源之地。岳麓书院最早办学可追溯至唐末五代。自北宋开宝九年（976 年）由朱洞始建书院，大中祥符八年（1015 年），宋真宗御书“岳麓书院”匾额赐给当时的山长周式，书院的名称由此确定下来而从未改变过。1914 年，从德国留学归来的宾步程出任湖南公立工业学校校长，将学校迁到岳麓书院。他以“实事求是”为校训，激励学生立足客观实际，矢志追求真理，踏实做人做事。从此，实事求是的为人做事的求实精神和治学方法进一步深融入湘学。

从毛泽东承继和弘扬湘学优良思想传统的意义上，也可以说党的实事求是思想路线是从古老的岳麓书院走来，从深厚的湖湘文化中走来，从悠久的中华优秀传统文化中走来，从中国人民伟大的斗争实践中走来，从中国共产党人百年奋斗中走来。实事求是这一中华优秀传统文化的哲学概念，在近代中国社会激烈的变革中、在中华民族优秀传统文化以及湖湘文化的发展演进中，经毛泽东进行马克思主义批判式继承，将其改造为党的思想路线。党的实事求是思想路线就是马克思主义同中国实际、同中华优秀传统文化相结合的，最佳实现“两个结合”的光辉典范。

四

湖南省社会科学院（湖南省人民政府发展研究中心）党组书记、院长（主任）钟君组织科研团队推出论著《实事求是思想发展史论纲》及其姊妹篇《岳麓书院：实事求是从这里走来》，从中华思想发展史的角度对实事求是思想追本溯源、究理求真，上至夏商周时期，下迄中国特色社会主义新时代，将实事求是的历史发展脉络与内涵演变转化放在中华5000多年文明史与党的百余年奋斗史的历史视野中进行考察，结合中国古典文献与马克思主义经典文本的融通研究，对实事求是思想发展史进行了较为系统和深刻的梳理。这对于我们夯实实事求是思想路线的历史基础，认识把握实事求是思想演进形成的理论逻辑，践行实事求是思想路线；对于我们在强国建设、民族复兴新征程上坚定理论自信、文化自信、历史自信，增强理论自觉、文化自强、历史主动，无疑具有一定的理论和实践价值。该书编写组的同志邀我作序，借此机会，写了些关于实事求是思想发展史及其精神实质的体会，希望能够引起读者们对实事求是思想路线的敬畏之心、照行之志，也能够对“实事求是思想史”课题的深入研究有所帮助。

是以为序。

王伟光

中国社会科学院原院长、南开大学终身教授

目录

绪论

岳麓书院是党的实事求是思想路线的一个策源地

岳麓书院从历史深处走来。唐末五代，天下纷扰，纲常凌夷，智璇等二僧见岳麓山清风峡口清幽远尘，在此筑庐置书，为士子开辟读书养心处所，是为岳麓书院办学的最早记载。北宋开宝九年（976 年），潭州太守朱洞增修斋舍、讲堂，岳麓书院得以正式创建而成，文脉接续、流风所及，至今已有千余年，是名副其实的“千年学府”。纵观历史，岳麓书院所传承的思想是一以贯之的，也是不断发展的，经历了一个从湖湘一隅之学到儒学正宗再到高举近代科学旗帜的演变过程，贯穿其中的就是忠贞爱国、经世致用、实事求是的精神，为毛泽东等老一辈革命家创立中国化马克思主义准备了丰厚的思想资源。2020 年 9 月 17 日，习近平总书记视察湖南大学岳麓书院，凝望讲堂檐前悬挂的“实事求是”匾额，提出“岳麓书院是党的实事求是思想路线的一个策源地”的重要命题。就在这一刻，历史与现实、传统与现代、马克思主义与中华优秀传统文化被贯通、接续、结合起来了。

一

湖南本属荆楚南蛮之地，在漫长的历史长河之中，是一个经济贫乏、文化落后的地区，直到唐朝中期才有人高中进士，号称“破天荒”。但事实上，这里早就留下了屈原、贾谊的足迹和故事，他们爱国爱民、上下求索的思想精神已经深深地浸润在湖湘大地之上，成为这一方水土、这里的人们一个抹不掉的精神烙印。这种精神信仰与湖南上古苗瑶的蛮霸精神结合在一起，共同构成了湖南这方土地最深沉的文化底色、最鲜明的文化性格。这种精神品质，在历史上一次次文化南迁的大潮中，不仅没有被冲淡褪色，反而更加熠熠生辉，而且与后来的中原文化结合起来，形成了强调忠孝廉节、整齐严肃、求真务实的独特的地域文化。到近代，湖南人那种典型的较真儿、拼命、敢担当、不服输、任劳任怨的性格特征，更是被人称为“骡子精神”，直到今天湖南人依然被冠以“吃得苦，霸得蛮，耐得烦，不怕死”的称誉。

山以院盛，道以人传。岳麓书院就是在这样的地域文化传统中创立、发展起来的，同时又是这种地域文化传统传承、弘扬的主要载体。岳麓书院自建立初便有“潇湘洙泗”

之称，它牢牢地矗立在湖南这片土地的文化中心点上，经朱熹、张栻两位旷世大儒会讲辩难，文风蔚起，士民瞻望，且代有传承，成为理学一方重镇。时至清代，岳麓书院更是两度得到皇帝褒奖，先是康熙皇帝赐予“学达性天”匾额，继之乾隆皇帝赐予“道南正脉”匾额，由此确立起孔孟之学南传主要代表的崇高地位，成为儒者心向往之的精神圣地。岳麓书院秉承湖湘地域古老的文化传统，始终高扬“传道济民”的教学宗旨，推崇经世务实的学问，从南宋大儒张栻所主张的“得时行道，事业满天下”，到事功派陈傅良所言“言之必使可行，足以开物成务”，到元代大儒吴澄所坚持的经学与行实并重、文艺与治事并举，再到清代山长王文清所要求的“通晓时务物理”，上下千年始终强调学以致用、知行统一，因而培养了一代又一代、一批又一批爱国爱民、敢于担当的经邦济世之才，为中华文化、中华民族存续发展作出了不可磨灭的巨大贡献。

二

岳麓书院重经世、重践履的学风，不仅是湖湘地域文化特色的集中体现，同时也是对孔孟重“行”与“济世”精神的传承与弘扬。孔子曰：“始吾于人也，听其言而信其行；今吾于人也，听其言而观其行。”又曰：“管仲相桓公，霸诸侯，一匡天下，民到于今受其赐。”当子贡问道：“如有博施于民而能济众，何如？可谓仁乎？”孔子曰：“何事于仁？必也圣乎。”可见，孔子对于“行”是何等看重，对于“济世”是何等推崇。孟子同样主张“用世”，提倡“济天下”，甚至说欲平治天下，“舍我其谁”。重“行”与“济世”是相辅相成的，“济世”是“行”的目的，即行动不是盲目的行动，必须是有利于百姓的；“行”是“济世”的路径，即造福百姓不是空言可以实现的，须要一步步行动才能达成。即便汲汲于心性之学、成圣成贤的程朱理学也非常重视“做事”。比如，程颐、程颢说：“人事不叫人去做，更叫谁做。”朱熹也认为：“自古无不晓事情底圣贤，亦无不通变底圣贤，亦无关门独坐底圣贤。”实际上，岳麓书院所秉承的就是儒家的这种“济世”传统，经世致用、达济天下的学风在这里历经千年而不变不坠则是一种特有的坚持与弘扬。

岳麓书院作为儒学分支发展而成的一个地域文化即湖湘学派的主要代表，虽以孔孟为宗，但学有源流，自成一派，主张鲜明。湖湘作为一个学派，创自两宋之际的胡安国、胡宏父子。他们学问源自二程，又多有阐发。两宋交替，胡氏父子隐居湖南衡山一带，创建碧泉书院、文定书堂，著书立学，教授生徒。目睹金兵南下、天下动荡、民生艰难的景象，胡安国欲图“辟邪说，正人心”，潜心研治《春秋》，以“康济时艰”为旨归，其子胡宏主张“明体致用”，二人之学强调内外贯通、体用结合、学治统一，以此奠定了湖湘学派既讲心性修养又重经世致用的学术传统。张栻从学胡宏，在胡氏父子的基础上进一步加以阐扬，提出“知行互发”等观点，大大深化了对知行关系的认识。面对社稷阽危，张栻将修养与经世、知与行的着力点集中到了忠贞爱国、济世爱民之上，这既是修养也是经世，既是认知亦是实行。张栻后学涌现出一大批深晓民族大义，坚持抗金、抗元的爱国英雄和通晓政务的干才，这足见湖湘学术思想之特异，影响之深远。

三

岳麓书院不仅倡导经世致用的学风，更是通过它所培养、所影响的一代又一代湖湘学子去践行和弘扬经世思想，去改造学术、改造社会，为湖湘文化、中华文化不断注入新的力量。王夫之，这位岳麓书院的学生，在明清易代中的坎坷遭遇与胡安国、胡宏、张栻的抗金经历是相似的，而那种天崩地解的心理冲击更深更痛，因而他与这三位湖湘先贤不仅有着特殊的精神共鸣，而且对他们所主张的学术思想有着更为深刻的理解和感悟，更是创造了湖湘文化史上、中华文化史上的学术传奇，树立起了一座巨大的思想丰碑。王夫之继承湖湘先贤的学问，博采历代思想资源，在人性论、华夷观、理欲观、知行观等方面都有系统的阐发，其中对于践履、力行尤为强调，构筑起以实践为基础的认识论，使其经世实学思想达到了极高的境界，对后世产生了深远而重大的影响。谭嗣同曾评价道："五百年来学者，真通天人之故者，船山一人而已。"毛泽东在写作《矛盾论》《实践论》时多有参考《船山遗书》的内容，而且终其一生都在阅读王夫之的著作，曾将其与西方的黑格尔相提并论。

时至晚清，政治腐朽，危机四伏。魏源，作为岳麓书院的学生和时代的先觉者，以"通经致用"的思想，对当时泛滥的性理空谈、汉宋之争大加挞伐，呼吁关注民生疾苦，探求富国强兵之策。他以如椽之笔编写了《皇朝经世文编》《圣武记》《海国图志》等寻求救世济民良方、体现经世务实思想的皇皇巨著，极大地改变了乾嘉以来空疏的学风。其后，曾在岳麓书院求学并在湖湘文化滋养下成长起来的两位晚清重臣曾国藩、左宗棠，以他们的政治地位和修养功夫，对当时的学术思想进行了深刻改造。曾国藩将宋学强调的“格物致知”与汉学强调的“实事求是”熔于一炉，以务实的精神调和汉宋门户之争，并且实现了理学与经世之学的结合，极大地丰富和发展了经世致用思想。左宗棠与曾国藩一样都推崇实学，讲求实效，虽然没有后者那么深刻的理论思考，但在“弃虚崇实”、推行实务上较之后者要走得更远、影响更大，直至临终仍上奏谏言“实事求是”。曾、左既是重臣又是大儒，他们从岳麓书院出发，带着湖湘文化特有的经世致用思想，以务实、求是的精神改变了晚清的政治走势和学术走向，无疑在文化心理、价值取向上对湖湘子弟产生了巨大的影响。

四

清末民初，岳麓书院在时代剧变的大潮中，在保守与革新上有过短暂的徘徊，但“务实”的思想始终如一。即便被视为保守派的代表人物王先谦，也认为培养人才应“讲求实用，不能专恃制艺试帖”，并且改革教学内容，“拟定经、史、掌故、算、译各学，列为五门”，大大拓展了实学的范畴，将西方科学技术纳入其中，这是古老的实学思想在近代发生的一个重要变化。事实上，面对西方文化的冲击，其时中华文化正在发生根本性的转变，特别强调经世致用思想的湖湘文化在其中表现得尤为突出，不仅在科学技术上主张学习西方，而且大力提倡西方的政治、经济、文化制度等。在这一文化背景下，岳麓书院也抛下了历史的包袱，实现了向近代学校的转型，其被先后改建为湖南高等学堂、湖南高等师范学校、湖南公立工业专门学校、湖南大学。1917 年，在西方受过系统科学训练、时任湖南公立工业专门学校校长的宾步程，将“实事求是”作为校训挂在了岳麓书院的讲堂前檐上，赋予了这一古语探求自然、社会规律的新内涵，同时也实现了以岳麓书院为主要代表的湖湘文化在主导思想上从经世致用向更具方法论意义和科学精神的实事求是的跃升。这一校训不仅深深地影响了这里的学子，也深深地影响了许多在这里工作、生活的人们。1919 年，毛泽东曾寓居在湖南大学筹备处也就是岳麓书院内，在这里日日所见的就是这一方匾额，对其思想体系的形成和发展产生了深刻影响。

实事求是，就是这样从古老的岳麓书院走来，从深厚的湖湘文化中走来，从悠久的中华文化中走来。这一出自班固《汉书》，称赞河间献王刘德严谨的治学精神和治学态度的古语，在近代中国社会激烈的变革中、在湖湘文化的发展演进中，与重经世、重践履的思想实现了高度的融合。这里所指的“实事”已经不再局限于古代典籍上所载之事，而是指人们面对的所有的事与物，“求”也不再局限于训诂、考据的功夫，而是一种上下求索的精神和方法，“是”也不再局限于古代典籍所记之事的正确性，而是一种更大范围、更高意义上的正确性与规律性。在这一思想的融合与转变中，一种唯物主义认识论已经呼之欲出了。这为毛泽东用马克思主义重新诠释实事求是，为我们党将其作为自己的思想路线提供了精神滋养，作好了思想准备。

党的实事求是思想路线的形成既是马克思主义中国化的产物，同时也是中华优秀传统文化实现近代转型的产物。以毛泽东同志为主要代表的中国共产党人，确立了实事求是的思想路线，是确立和坚持实事求是思想路线的典范；以邓小平同志为主要代表的中国共产党人对思想路线进行了拨乱反正，重新确立了实事求是的思想路线，成功开创了中国特色社会主义；以江泽民同志为主要代表的中国共产党人，坚持解放思想、实事求是、与时俱进，成功把中国特色社会主义推向二十一世纪；以胡锦涛同志为主要代表的中国共产党人，深刻认识和回答了新形势下实现什么样的发展、怎样发展等重大问题，坚持解放思想、实事求是、与时俱进、求真务实，成功在新形势下坚持和发展了中国特色社会主义；党的十八大以来，以习近平同志为主要代表的中国共产党人，坚持实事求是、守正创新，创立了习近平新时代中国特色社会主义思想，推动党和国家事业取得历史性成就、发生历史性变革，是坚持和发展实事求是思想路线的典范，守正创新是实事求是思想路线的新时代表达。

第一章

实事求是的哲学意蕴与文化溯源

实事求是思想史的发展是中国哲学中诸多学派之间相互碰撞、相互争鸣而推动的螺旋式上升过程，是一个辩证发展的历史进程，由先秦萌芽，汉唐初成，宋明发展，清初集大成，至晚清民国间实现近代转化。实事求是思想在2000年的历史发展中，包含了对经典知识的求真、对民生经济的务实以及对事物普遍规律的探求，这三方面的内容共同构成了中华优秀传统文化中实事求是思想的丰富性。“实事求是”一词最早出现在东汉班固所写的《汉书》中，在其河间献王刘德的本传中，班固以史家之笔评价刘德说：“河间献王（刘）德……修学好古，实事求是。”[①]刘德是先秦古籍的收集整理者与古文经学的先驱者。他的实事求是思想主要表现在他治学方法的“求真”主张上。随着中国社会的发展，不同的学术流派和思潮呼应着时代需要，新旧更替，前后相随，螺旋式地发展。实事求是思想的具体形态也随着各种学术思潮的出现而逐步呈现。

① [汉]班固：《汉书》第8册，中华书局1962年版，第2410页。

第一节
先秦诸子之学与实事求是思想的孕育

先秦诸子阶段是实事求是思想的孕育与萌芽时期。具体而言，在先秦诸子争鸣中，在各个学派的思想主张中，或多或少都表现出了“求真”、“务实”与“探寻事物规律”三个方面的萌芽，尤其是从战国中晚期出现的经典文本中，我们可以观察到实事求是思想的雏形，并且其大多带有朴素的唯物主义色彩。

一、实事求是思想对“是”的追求

实事求是作为中国古代的一个命题出现，主要内容在于其中的“是”字。《说文解字》说：“是，直也，从日、正。……是，籀文是，从古文正。”段玉裁注曰：“以日为正则曰是。从日正，会意。天下之物莫正于日也。”[①] 这就是说，“是”在先秦古文中是一个会意字。表示正、直、正确的意思，与偏、曲、谬误相对立。“求是”就是“求正确”。人类社会是在对宇宙中一切事物的认识中逐步发展进步的。怎样获取正确的认识，中国先秦典籍积累了丰富的智慧。段玉裁说“天下之物莫正于日也”，说明在上古农业社会中，对太阳运行轨迹的记年、记时在农业生产中是具有决定性的重要意义的。如古人用日晷来衡量太阳影子在表盘上的位置、长短，并由此确定一天之内的时刻，以及一年中的节气和月份。这些都需要人类对自然界进行科学观测，从而正确地判断是非。春秋时墨翟以日晷之“立朝夕”，来譬喻“求是”明辨行为的重要性：“言必立仪。言而毋仪，譬犹运钧之上而立朝夕者也，是非利害之辨，不可得而明知也。”如同日晷之“立朝夕”必须有一个标准（立仪）。如果没有标准，就如同在旋转的转盘（运钧）之上立朝夕，这样将无可明辨利害，不

① [汉]许慎撰，[清]段玉裁注：《说文解字》，上海古籍出版社1988年版，第69页。

能“求是”。至于如何“立仪”,《墨子》提出了著名的“三表法”:“有本之者，有原之者，有用之者。于何本之？上本之于古者圣王之事。于何原之？下原察百姓耳目之实。于何用之？废以为刑政，观其中国家百姓人民之利。此所谓言有三表也。”[①] 这就是说墨家主张以书本中流传下来的前人的间接经验、以百姓在生产劳动中形成的直接经验为判断是非的依据，进一步施政于民，以人民是否收获利益、是否获得幸福为检验，并以此作为施政是非的标准。可见墨翟提出的“三表法”已经蕴含了如何判定是非的朴素唯物主义和实践检验的思想雏形。战国稷下道家学派的《管子》四篇就“求是”这个实践活动中理性“心官”和感性“感官”之间的关系展开了辩证讨论:“心之在体，君之位也。九窍之有职，官之分也。心处其道，九窍循理。嗜欲充益，目不见色，耳不闻声。故曰：上离其道，下失其事。毋代马走，使尽其力；毋代鸟飞，使弊其翼。”[②]《管子》四篇的作者将认识过程中心官与感官的作用比喻为君臣间的关系，认为如果心官被欲望充

① 吴毓江:《墨子校注》上册，中华书局1993年版，第400—401页。
② 黎翔凤:《管子校注》中册，中华书局2004年版，第759页。

盈，那么眼耳等感官就会被蒙蔽，从而无法从客观世界获取认知。所以《管子》四篇提出了“毋代马走”“毋代鸟飞”的治心原则，通过“洁其宫，开其门，去私毋言”而实现“神明若存”[①]。这种克制主观臆欲，尽量真实反映外在世界的“求是”认知方法，在后来荀子的思想中发展为“虚一而静”的主张。《荀子·解蔽》对“心何以知”的设问，回答说：“虚一而静。心未尝不藏也，然而有所谓虚；心未尝不满也，然而有所谓一；心未尝不动也，然而有所谓静。……不以所已藏害所将受，谓之虚。”[②] 荀子指出，在认知过程中，应该尽量抛弃已有成见，虚心、静心、专一，才能解蔽而求是。另外，儒家创始者孔子对“求真”思想也有所提及，只是在礼制观念下，“求真”的诉求更多地表现为“名实”关系，所谓以名则实，看重的是社会关系中的名实相符：“必也正名乎！……名不正则言不顺，言不顺则事不成，事不成则礼乐不兴，礼乐不兴则刑罚不中，刑罚不中则民无所错手足。故君子名之必可言也，言之必可行也。”虽然孔子是从礼制的恪守与僭越

---

① 黎翔凤：《管子校注》中册，中华书局 2004 年版，第 764 页。

② [清]王先谦：《荀子集解》，中华书局 2012 年版，第 383 页。

方面来说“名正言顺”的，但这也成为战国时期丰富的“正名”思想之滥觞。公孙龙等名辨家以及战国墨家从逻辑学的角度对名实之辨展开了激烈的争鸣，留下了丰富的遗产。孔子在认识论方面的主张，还有“子绝四：毋意，毋必，毋固，毋我”“知之为知之，不知为不知，是知也”“我非生而知之者，好古，敏以求之者也”等。尤其是借“好古，敏以求之”一句，孔子明确地把自己定位为敏锐于求知的学而后知者，这也是后来古文经学诠释者把孔子视为“述而不作”之先师的经典依据。我们由此可以看出，古文经学者在看待先师的问题上，也是实事求是的。

二、实事求是思想对“实”的追求

实事求是思想的另一项重要内涵，落于“实”字。传统中国是一个十分重视“实用”的社会，这一特点在先秦思想中也有所萌芽。孔子十分注重现实层面的事物，所议所论尽在可见可闻的礼乐教化之中，所以子贡说：“夫子之文章，可得而闻也；夫子之言性与天道，不可得而闻也。”战国晚期形成的《庄子 · 天下篇》从道家的角度总结了儒家思想："其在于《诗》《书》《礼》《乐》者，邹鲁之士、搢绅先生多能明之。《诗》以道志，《书》以道事，《礼》以道行，《乐》以道和，《易》以道阴阳，《春秋》以道名分。"[①] 说明了先秦儒家所诵读的五经，最终目的都是落实在"志""事""行""和""阴阳""名分"等之上，必是见用于社会的。后来今文经学所倡导的"以《禹贡》治河，以《洪范》察变，以《春秋》决狱，以（《诗》）三百五篇当谏书"[②] 的通经致用思想，毫无疑问可以在《庄子·天下篇》中找到先秦儒家的早期形态。战国大儒荀子关心的问题同样是现实的，他反对神秘化自然之天，在《天论》中，荀子说："星坠、木鸣，国人皆恐。曰：是何也？曰无何也，是天地之变，阴阳之化，物之罕至者也。怪之可也，而畏之非也。"[③] 先秦儒家对自然世界"务实"的态度，既不同于西汉谶纬经学的虚妄不实，也与宋明理学家高谈阔论于心性玄微大不一样。可以说先秦儒家始终充满了对现实社会的关注与务实，这是

① [清] 郭庆藩：《庄子集释》，中华书局 2013 年版，第 937 页。
② [清] 皮希瑞：《经学历史》，中华书局 1959 年版，第 90 页。
③ [清] 王先谦：《荀子集解》，中华书局 2012 年版，第 306 页。

儒家思想中的一条主流，一直存在于后来2000多年的文化传承之中。这也决定了儒家知识分子在主体上对实事求是的理解，是始终关注于现实层面上的。荀子标举出的“制天命而用之”的唯物主义世界观：“大天而思之，孰与物畜而制之？从天而颂之，孰与制天命而用之。”[①]这样一种唯物主义世界观的精神，一直深刻地影响着后来中国人的思维。

三、实事求是思想对规律的探寻

实事求是思想中还蕴含了对事物规律性探索的精神。这在先秦典籍中也是广泛而隐含地存在着的，不过这个规律在诸子百家中往往有不同的语言表述，如“道”“常”“则”“理”等，其思想内涵也未必完全一样，甚至相差较大，但是“规律性”这一层含义是共有的。如《诗经》中说：“天生烝民，有物有则；民之秉彝，好是懿德。”[②]这个物之“则”就是指规律性。孔子整理《诗经》三百篇时

① [清]王先谦：《荀子集解》，中华书局2012年版，第310页。
② 周振甫：《诗经译注》，中华书局2019年版，第495页。

说："'为此诗者，其知道乎！'故有物必有则；民之秉彝也，故好是懿德。"[①] 由于万事万物是具有规律性的，所以人民在把握了这些不变的规律之后，就有了善良的品德。这似乎有些类似于轴心时代另一位大哲学家苏格拉底的名言"美德即知识"[②]。这种从民风中采撷规律，赞扬烝民优良品质的诗作，在《诗经》中多有出现。在儒家看来，这体现了《诗》三百言志讽喻的优秀传统。战国时，荀子在《天论》中说："天行有常，不为尧存，不为桀亡。应之以治则吉，应之以乱则凶。"[③] 荀子对"天道"的唯物主义表述，在剥落了巫史时代宗教之天神秘性的同时，将自然之天的客观规律性凸显了出来，也就是"天行"之"常"，如果人们把握了这个"常"，就可以"制天命而用之"。战国法家集大成者韩非子也说："道者，万物之所然也，万理之所稽也。……万物各异理而道尽。稽

① 杨伯峻：《孟子译注》，中华书局 1960 年版，第 75 页。
② [古希腊] 苏格拉底：《苏格拉底的教化哲学》，刘烨编译，吉林出版集团有限责任公司 2013 年版，第 186 页。
③ [清] 王先谦：《荀子集解》，中华书局 2012 年版，第 300 页。

万物之理，故不得不化。不得不化，故无常操。”[①] 韩非子将万事万物的规律进一步区分为“道”和“理”两种：“道”是万物最普遍的共同规律，“理”则是不同类别的事物的具体性规律，并且这个具体规律是可以发展变化、与时俱进的。

从先秦诸子的经典古籍中，我们可以归纳总结出实事求是思想“求真”、“务实”和“规律探寻”三个方面的内涵，在先秦时期均以思想史早期的形态存在着，体现了先秦劳动人民朴素的唯物主义世界观和方法论。随着战国后期大一统局面的加速形成，诸子百家思想逐渐融合，百虑而一致。实事求是命题的正式产生也随着秦汉的一统，而呼之欲出。

① [清] 王先慎：《韩非子集解》，中华书局 1998 年版，第 146—147 页。

第二节

汉唐经学与实事求是命题的提出

汉唐经学分为今文经学与古文经学两大派别。今文经学在西汉初最早确立为官学，而古文经学长期在民间流传，最早的倡导者之一就是河间献王刘德。古文经学由于在文字形态、文本内容以及思想主张上与今文经学存在差异，在西汉时期长期受到汉武帝等的排斥。但古文经学相对更注重名物训诂，远离迂阔而神秘的阴阳谶纬，所以延续了先秦思想中的“求真”精神，也第一次被史家评价为“实事求是”。东汉经学经历过多次古今文争论，在争论中，两家思想逐步融合，至隋唐，儒家经文的阐释学发展到了新的高峰，唐代经师在对五经的正义中，引经据典，必求其真，但同时也带来了烦琐化的倾向。

一、西汉古文经学在民间兴起时所秉持的实事求是思想

汉武帝罢黜百家、独尊儒术以后，儒家思想成为中国社会主流的意识形态。然而此时的先秦儒家典籍，经过秦火焚烧之后所剩无几。所以在汉初文景时代，伏生等第一代经师凭借残存的典籍和记忆，用汉代的隶书把先秦五经重新书写出来，并加以解释，这就形成了今文经学。为使今文经学成为朝廷官学，汉武帝始置五经博士，以一经一师确立博士官，由于《诗经》人才缺乏，实际只立了四经博士。据《汉书·儒林传》记载："自武帝立五经博士，开弟子员……初，《书》唯有欧阳,《礼》后,《易》杨,《春秋》公羊而已。"[1] 随着西汉今文经学的发展、家法的分化以及博士确立的争夺，一经多师现象逐渐出现，汉宣帝时已立十二博士，至东汉初光武帝时，确立五经博士已达十四家之多，分别是鲁申培、齐辕固、韩婴所传《诗经》，欧阳生、夏侯胜、夏侯建所传

① [汉]班固:《汉书》第11册，中华书局1962年版，第3620—3621页。

《尚书》，戴德、戴圣所传《礼记》，施雠、孟喜、梁丘贺、京房所传《周易》，严彭祖、颜安乐所传《公羊春秋》。这十四家全是今文经学。

然而自西汉初年，民间就不断地有先秦古籀文书写的经书被发现，并在民间被私下结集和整理，因为它是以古文字的形式面世的，所以被称为古文经。民间流传的古文经并没有受到汉初中央政府的认可或重视，也就没有被立为官学。在刘歆效力于王莽之前，古文经始终在民间流传，支持古文经的人中地位最高者就是河间献王刘德。与朝廷诏令耆老硕德讲学于学官、经师家法相传的今文经学传授系统不同，据《汉书》记载，古文经和古文经学的来历大约有以下几种。其一，古籍来源于孔子故宅等老屋的复壁密室中，为秦时所藏，在汉初被发现。《汉书》记载："武帝末，鲁共王坏孔子宅，欲以广其宫，而得《古文尚书》及《礼记》《论语》《孝经》凡数十篇，皆古字也……孔安国者，孔子后也，悉得其书，以考二十九篇，得多十六篇。安国献之，遭巫蛊事，未列于学官。"[①]"《礼古经》者，出于鲁淹中及孔氏，与十七篇文

① [汉]班固：《汉书》第6册，中华书局1962年版，第1706页。

相似，多三十九篇。”[①] 其二，来源于河间献王的搜集。《汉书》记载：“河间献王（刘）德，以孝景前二年（前 155 年）立，修学好古，实事求是。……四方道术之人不远千里，或有先祖旧书，多奉以奏献王者，故得书多，与汉朝等。……献王所得书，皆古文先秦旧书，《周官》《尚书》《礼》《礼记》《孟子》《老子》之属，皆经传说记，七十子之徒所论。其学举六艺，立《毛氏诗》《左氏春秋》博士。”[②] 可见河间献王刘德对古文经学的兴起作出了巨大的贡献。刘德是景帝之子，汉武帝刘彻的同父异母兄，景帝时被封在比邻齐鲁孔孟之乡的河间赵地，加上他酷爱儒学，所以收集来的古文先秦旧书最为丰富。司马迁记载：“河间献王德……好儒学，被服造次，必于儒者，山东诸儒，多从之游。”[③] 甚至有人说“天下雄俊众儒皆归之”[④]。比较典型的是赵人毛苌，自谓从孔子弟子子夏那里相继传得《诗经》，献给刘德，“河间献王好之”，乃立为“河间献王博士”。刘德不仅拥有的古籍数量“与汉朝等”，而且

① [汉]班固：《汉书》第 6 册，中华书局 1962 年版，第 1710 页。
② [汉]班固：《汉书》第 8 册，中华书局 1962 年版，第 2410 页。
③ [汉]司马迁：《史记》第 6 册，中华书局 1959 年版，第 2093 页。
④ [汉]司马迁：《史记》第 6 册，中华书局 1959 年版，第 2094 页。

私立博士官，颉颃中央，最为关键的是，与朝廷所立《鲁诗》《齐诗》《韩诗》在篇章、内容、诠释的发挥上有标新立异之处。此举引起了汉武帝的不满。《西汉文记》记载："孝武帝艴然难之，谓献王曰：汤以七十里，文王以百里，王其勉之！"显然，汉武帝认为刘德对儒家经典诠释话语权的掌控已对自己的权力基础构成了威胁，刘德不得不"知其意，归即纵酒听乐，因以终"[①]。今文经学掌控儒家经典诠释话语权的局面在西汉持续时间较长，直到西汉末年，刘歆在王莽支持下才将古文经短暂地立于学官，随着王莽改制的失败，很快被废止。这就是说，在西汉的绝大部分时间内，古文经学都是被朝廷排斥的，以至于只能在民间流传。

历史记载，古文经的文字形式采用的是"籀书"写成的（有学者认为是战国时期东方六国的文字），在文字形式上与今文经学的隶书不同。更为重要的是，古今文经在字句、篇章、内容和诠释上的不同，进而带来了师承的不同以及经师利益分配的不同。例如，在对待孔子的问题上，今文经学和古文经学就大相径庭。今文经学推重孔子，把孔子看作政治家，认为孔子是素王，功在改制，所以在解释"五经"尤其是《公羊春

① ［清］纪昀等编著：《文渊阁四库全书》第1369册，北京出版社2012年版，第588页。

秋》时偏重“微言大义”，甚至“极精而有用。以《禹贡》治河，以《洪范》察变，以《春秋》决狱，以（《诗》）三百五篇当谏书”。再加上与西汉时流行的阴阳五行谶纬思想结合在一起，今文经学多少带有些迂阔、神秘和不切实际的弊病。[①] 相对而言，古文经学推崇西周初年辅佐周室、制礼作乐的周公姬旦，把孔子看作祖述周公的历史学家，认为孔子“述而不作”，对五经的处理只是删削整理。所以古文经学偏重于对

① [清]皮希瑞著，周予同注释：《经学历史》，中华书局2012年版，第56页。周予同解释说：以《禹贡》治河，盖指平当。《汉书·平当传》云“当以经明《禹贡》，使行河”。以《洪范》察变，盖指夏侯胜。《汉书·夏侯胜传》云“胜当乘舆前谏曰：天久阴而不雨，臣下有谋上者……召问胜，胜对言在《洪范传》”。以《春秋》决狱，盖指董仲舒。《汉书·艺文志》云“《公羊董仲舒治狱》十六篇”。以三百篇当谏书，盖指王式。《汉书·儒林传》云“式对曰：臣以三百五篇朝夕授王，至于忠臣孝子之篇，未尝不为王反复诵之也”。克实而论，今文经学以经文作治术的做法在“通经致用”的同时带有一定的偶然性，甚至附会、神秘的成分，这与西汉谶纬学的流行是有一定关联的。这也是清末以后，在新思潮的冲击下，2000多年的“通经致用”观念遭遇冲击，实事求是思想摆脱了传统儒经的束缚，向更切实际的真实处转向的历史原因。此问题将在本章末节详论。

经典的“名物训诂”，其特色是考证性的。除去文字形态和政治地位的不同，就学派的思想性主张而言，古文经学比较明显的一个特点就是反对今文经学可能流于的附会虚妄。如同班固褒扬河间献王刘德时所说的为学“实事求是”——这也是“实事求是”一词最早在中国思想史上被提出的地方。刘德“从民得善书，必为好写与之，留其真，加金帛赐以招之”[①]。可以说，“实事求是”在中国思想史上第一次被完整提出的时候，就是以考据学、历史学上“求真”的面目出现的。这与先秦史学“求真”的精神是一脉相承的，也为后世古文经学中发展出乾嘉考据学派奠立了基础。

虽然在西汉时长期处于“私学”的地位在民间流传，但古文经学在西汉末年因刘歆的倡导顿为“显学”。据传刘歆跟随其父刘向在朝廷秘府整理古籍时，发现了鲁壁所出并由孔安国传授注释的《古文尚书》和《逸礼》，于是他向汉哀帝建议列古文于学官。汉哀帝下诏征求臣下的意见，毫无疑问，这项改革计划遭到了今文博士的抵制和冷处理，他们“不肯置对”。刘歆对此十分恼火，立即写就了一篇《移让太常博

① [汉]班固：《汉书》第8册，中华书局1962年版，第2410页。

士书》的檄文。这是经学史上的名篇，该文虽然在道理辨析上有较为充分的理据，但言辞激烈，冲撞当权官僚，激起了今文经学官的集体反击。他们纷纷弹劾刘歆“改乱旧章，非毁先帝所立”①。刘歆被迫离开京师，直至病退。汉平帝即位后，王莽自比周公，操纵朝政，重新起用刘歆。古文经学阴差阳错地成为王莽篡汉的工具，被康有为等诟病，加上古文经后出于民间，有些篇章始终存在伪造的嫌疑和可能，使得它的实事求是主张与其自家文献的“辨真”之间存在着一个难以道明的鸿沟，或者说存在不能自圆的矛盾。所以，实事求是命题在西汉古文经学治经史上第一次被提出的时候，经学家们对“求真”的认识还处于起步阶段，但不可否认其思想的种子已经萌芽，而“求真”理念的发展成熟是在后来随着社会生产力的发展而逐步实现的。

① [汉]班固:《汉书》第7册，中华书局1962年版，第1972页。

二、东汉古文经学的官学化及今古文经学融合后的实事求是思想

东汉时期，古文经学虽然处于被动的局面，但与今文经学发生了三次重大论争，产生了较大的影响，并逐渐获得了朝野的同情与支持。

第一次论争发生在光武帝建武年间。尚书令韩歆上疏要求为古文传承的费氏《易》《左氏春秋》立博士，光武帝诏令臣议。今文经学学官仍然保持保守的立场，排斥古文经学。在他们看来：第一，经典必须是先圣孔子所作，而《左传》是左丘明所传，不该立为经学博士。第二，今文经学师徒相传，其传承脉络清晰明确、官史档案中有明确记载，而古文经一直流传于民间，来历存疑，师徒之间授受不明，存在伪作的可能。第三，西汉一朝并没有确立起稳定的古文经学学官制度。其中的代表人物博士官范升说："《左氏》不祖孔子，而出于丘明，师徒相传，又无其人，且非先帝所存，无因得立。"由于西汉名史司马迁在《史记》中多处引用了《左传》，使得《左传》的可信度大为增加，光武帝遂立李封为《左传》博士。但李封被立博士后不久就去世了，《左传》博士之位无

人继承，旋即被废除。

第二次论争发生在汉章帝建初元年（76 年）。古文经学家贾逵上疏朝廷，建议将《左氏春秋》《古文尚书》立为博士，受到汉章帝的欢迎，但遭到了今文学家李育的反对。建初四年（79 年），白虎观讲议将论争推向了高潮，双方的言辩最终由班固辑为《白虎通义》。从此开始，古文经学在朝廷的地位逐渐巩固，不再如西汉时那样流传民间。不仅汉章帝喜好古文经学，奉旨编撰《白虎通义》的班固等也都是偏向古文经学的儒生。通过第二次论争，今文经学和古文经学发生了第一次融合。我们从中可以看到，正是由于班固对古文经学的同情，他在正史《汉书》中对古文经的源头做出了客观的评价，并且第一次揭橥出了古文经学在文献考据上实事求是的治学特征。

由于古文经学长期在民间流传，远离了朝廷学官，也就较少地沾染“上者奉之以进身，下者持之以糊口”的“利禄之学”的弊病。清代经学大师刘师培也因此褒扬古文经学“不以显讳易其心，故精殚思，实事求是”。所以说实事求是的学风与古文经学远离权势的发展史是有关联的。侧重实事考证的古文经学，从汉代开始就留意于文字训诂，反对疏阔玄远的穿凿附会，这是有别于讲求“微言大义”的今文经学的。贾逵的弟子许慎继承了古文经学先驱刘德广事搜取的务实学风，从汉和帝永元十二年（100 年）至汉安帝建光元年（121 年），耗时 21 年，上求京师秘府，下搜古简逸文，完成了我国第一部文字学专著《说文解字》。许慎撰著一丝不苟，直到最后病中，才命儿子将定稿上交朝廷。《说文解字》经过他的反复推敲琢磨，收录 540 个部首、9000 多个汉字，堪称呕心沥血之作。后世声名大振的“说文学”就是在许慎学问的基础上形成的，这不仅发清代朴学之先声，而且使得文字学在近代逐步发展成为专门的语言哲学的学科。

第三次论争发生在汉桓帝时。主张今文经学的何休作《春秋公羊解诂》《公羊墨守》《左氏膏肓》《穀梁废疾》诸书，对古文经学发起批评。经学大儒郑玄作《发墨守》《箴膏肓》《起废疾》等文予以驳斥。由于郑玄治学兼通古今，知己知彼，所以何休不得不折服叹曰：“康成（郑玄）入吾室，操吾矛以伐我乎！”这是后来成语“入室操戈”的出处。虽然郑玄袒佑古文经学，驳斥了何休等今文经学家的非难，但实际上是糅合了古今文的思想特点而自成一家。郑玄广学博闻，兼采古今，遍注群经，史称“郑学”。例如，郑玄之笺《诗经》用古文《毛诗》为主，但又兼才鲁、韩、齐三家。唐代孔颖达、贾公彦对“十三经”疏释时，多以郑玄注为底本，郑玄的经注如此流行，以至于齐、鲁、韩三家之《诗》，欧阳、大小夏侯的《尚书》等今文经学逐渐失传。郑学的兴起，标志着经学今古文之间的关系由对立逐渐走向融合。

走向融合后的今古文经学，继承了古文经学名物训诂上的实事求是传统。隋唐经学对文字的考订十分认真，引经据典，必求其真。唐代经师对经典的整理，包括对经典重要性的排序，家法、师法传承的考证梳理，都本着实事求是的治学态度。唐代陆德明的《经典释文》可以说是唐代经学集大成的一部作品，对十二部儒家经典进行了注音释义，初步形成了儒家“十三经”的经典体系雏形。由于唐初科举制度的需要，孔颖达《五经正义》、唐玄宗御注《孝经》等官方主导的经典定本成为科举考试的标准教材。唐太宗李世民曾经夸赞孔颖达编撰的《五经义赞》说：“卿等博综古今，义理该洽，考前儒之异说，符圣人之幽旨，实为不朽。”[1]并赐名为《五经正义》，交付国子监作为科举考试的教材。圣颁“正

① [后晋]刘昫：《旧唐书》第8册，中华书局1975年版，第2602—2603页。

义”，当然也就具有了官方权威性，排除了民间对经典的解释。与此同时，唐代解经也走向了烦琐，一字音训，动辄数百言，往往使人望而生畏。可以说汉代经学发展到唐代，虽然在史料、文字的考证上充分实现了“求真”“务实”的目的，但由于出现教条化和烦琐化弊端，渐失学术之真谛。儒家思想的精髓毕竟不在区区文字上，而必落实于经邦治国之道上。这就说明唐代经学已经走到了史学式经学的顶峰，开始孕育的新转向——宋明理学。这个转向也必然会带来对实事求是思想的新诠释。

第三节

宋明理学中的“即物穷理”

由于汉唐经学的教条化、烦琐化弊端日渐呈现，北宋学者开启了对儒家经典的新阐释范式，他们在阐释经典时，不再追求对古典经文逐字逐句的解释，而转向对经文承载之“道”的探求。宋明理学家追求的万物之“理”、古今之“道”蕴含了对宇宙万物规律普遍必然性的探求，这也是传统实事求是思想的一个重要内涵。宋明理学家提出了“即物穷理”的命题。同时以湖湘学派为代表的南宋理学在“穷理”的总诉求下，大力主张抗金救国、经世致用，这也使得南宋实事求是思想中“务实”的面向得以彰显。

一、实事求是思想在程朱理学中的发展

北宋理学的产生意味着从汉代发端的经学诠释学进入了第二个重要阶段：理学阶段。周予同说："宋学以孔子为哲学家，以六经为孔子载道之聚，所以偏重于心性理气，其特色为玄想的，而其流弊为空疏。"[①] 宋明理学和汉唐经学一样，是对先秦儒家经典的诠释，只不过它的诠释方法与汉唐经学注重名物训诂不太一样，而是要发掘名物背后的心性命理之道，也就是将名物作为一种存在现象，探索其背后所以然的规律。用现代哲学的话来说，就是寻找物之所以是的依据。这种探寻规律、道理的学问，同样离不开实事求是。宋明理学对宇宙间万事万物规律的"求是"，为后来实事求是思想看重事物的客观规律性提供了传统文化的来源和依据。

实事求是思想的规律性，在宋明理学那里，表现为一个"理"字，也称之为"道"。冯友兰指出，周敦颐《通书》中所说的"一阴一阳之为道"指的是宇宙事物的演化及其规

① 周予同著，朱维铮编校：《经学和经学史》，上海人民出版社 2012 年版，第 3 页。

律。[1] 在二程看来，“事物时时刻刻都在变化之中。变化有一定的规律，这就是‘道’，也就是‘性命之理’”[2]。北宋理学家扭转了汉唐经学逐字逐音训释先秦经典的诠释传统，认为应该通过周公、孔、孟的圣人言说，探寻天地万物所以然的必然规律，追问人作为社会存在，其价值意义所寓的“孔颜乐处”。于是，从北宋开始，实事求是的“求真”工夫不再拘泥于字音之上，而是在训诂之外的义理体悟上，在宋明理学家看来，这当然是一种务实。程颢说：“吾学虽有所授受，天理二字却是自家体贴出来。”[3]“（太虚之中）无非理也，惟理为实。”[4]

在经典的安排上，宋明理学与汉唐经学有所不同，朱熹强调了“十三经”中的《论语》和《孟子》二书，并且把《礼记》中的《大学》和《中庸》两篇单独提取出来，合称“四书”，置于《诗》《书》《礼》《易》《春秋》之前，故称

① 冯友兰:《中国哲学史新编》下册，人民出版社 1998 年版，第 70 页。
② 冯友兰:《中国哲学史新编》下册，人民出版社 1998 年版，第 134 页。
③ [宋]程颢、程颐:《二程集》，中华书局 1981 年版，第 424 页。
④ [宋]程颢、程颐:《二程集》，中华书局 1981 年版，第 1169 页。

“四书五经”。到了元明时期，科举考试甚至以朱熹的《四书集注》作为解释经义的标准读本。所以有人说儒经的诠释学从汉唐的以“五经”为重点，转变成了宋元明清的以“四书”为首要。而位列“四书”之首的《大学》第一章中就有这么一段话：“古之欲明明德于天下者，先治其国；欲治其国者，先齐其家；欲齐其家者，先修其身；欲修其身者，先正其心；欲正其心者，先诚其意；欲诚其意者，先致其知，致知在格物。物格而后知至，知至而后意诚，意诚而后心正，心正而后身修，身修而后家齐，家齐而后国治，国治而后天下平。”[①]这一段话后来被称为“大学八条目”，即格物、致知、诚意、正心、修身、齐家、治国、平天下，成为儒家知识分子修养工夫、践行操履的八个经典步骤。其中，修身、齐家、治国、平天下的外王工夫必由格物、致知、诚意、正心的内圣修养发展而来。而自我修养的最初一步，在《大学》里被称为“格物”。对格物的诠释尽管在宋明理学不同学派之间存在一定差异，但对于求得性理的初始工夫而言是首要的，这是各个学派都认同的。

① 王国选译注：《大学 中庸》，中华书局2007年版，第4—5页。

按朱熹的解释："致推极也。知，犹识也。推极吾之知识，欲其所知无不尽也。格，至也。物，犹事也。穷至事物之理，欲其极处无不到也。"[①] 所谓"格物致知"，用今天的话说，就是接触事物，推及知识，使主观的认知无所不尽，对事物之理无所不穷。所以在南宋时，接近于近代哲学中朴素的唯物主义认识论的观点已经在程朱一派的理学家中萌芽了。朱熹不仅要求认识主体在认识活动中主动接近、触及事物，而且要求认识主体在接触事物后，增长知识，举一反三，归纳推广事物中蕴含的普遍规则和物理。尤其值得注意的是，朱熹在整理《大学》经文时，认为现存版本在解释"格物致知"时，由于脱简等原因缺失一段文字，"盖释格物致知之义，而今亡矣"。朱熹不拘泥于汉唐经师以经书为金科玉律的陈规，发挥二程对"格物致知"的解释，增补了一段文字，这就是后来称为"朱子补传"的一段《大学》传文，兹录于下：

所谓"致知在格物"者，言欲致吾之知，在即物而穷其

① ［宋］朱熹：《四书章句集注》，中华书局1983年版，第4页。

理也。盖人心之灵莫不有知，而天下之物莫不有理，惟于理有未穷，故其知有不尽也。是以《大学》始教，必使学者即凡天下之物，莫不因其已知之理而益穷之，以求至乎其极。至于用力之久，而一旦豁然贯通焉，则众物之表里精粗无不到，而吾心之全体大用无不明矣。此谓物格。此谓知之至也。[1]

朱熹这里将“心知”与“物理”相对应，认为只有“穷理”方能“尽知”，要求学者主动触及天下之物，使自己的知识从已有的认知扩展到未曾有的认知。一旦豁然贯通，把握了事物的普遍规律，则事物的“表里精粗”等属性，必然在心中朗然呈现。朱熹认为，这就是《大学》始教的“格物致知”的认识和实践过程。在宋明理学家那里，这也被称为“工夫论”。

① 王国选译注:《大学 中庸》，中华书局2007年版，第17页。

二、实事求是思想在陆王心学中的发展

关于格物致知的认识论，我们还应该看到，不同的理学家之间存在着一定的差异。比如，与朱熹生活在同一时代的陆九渊以及明代大儒王阳明形成的陆王心学一派，就对二程、朱熹的“格物说”持有不同意见。王阳明认为，“格字之义，有以至字训者，如‘格于文祖’‘有苗来格’，是以至训者也”，但是“格物致知”的格不能作“至”训[①]，应当“格物如《孟子》‘大人格君心’之格，是去其心之不正，以全其本体之正。但意念所在，即要去其不正以全其正，即无时无处不是存天理，即是穷理”[②]。《传习录》中更记载了一则关于“阳明格竹”的典故，形象地说明阳明心学与朱子理学之间的不同。

众人只说“格物”要依晦翁，何曾把他的说去用！我着实曾用来。初年与钱友同论做圣贤要格天下之物，如今安得

---

① [明]王阳明撰，王晓昕译注：《传习录译注》，中华书局2018年版，第213页。
② [明]王阳明撰，王晓昕译注：《传习录译注》，中华书局2018年版，第29页。

这等大的力量？因指亭前竹子，令去格看。钱子早夜去穷格竹子的道理，竭其心思，至于三日，便致劳神成疾。当初说他这是精力不足，某因自去穷格，早夜不得其理，到七日，亦以劳思致疾，遂相与叹圣贤是做不得的，无他大力量去格物了。及在夷中三年，颇见得此意思，方知天下之物本无可格者；其格物之功，只在身心上做；决然以圣人为人人可到，便自有担当了。这里意思，却要说与诸公知道！[①]

在王阳明看来，像朱熹那样向外格取窗外竹子之理，只会让自己劳思成病。“格”应该是去心之不正，是向内心的反省工夫，故求理“只在身心上做”。后人把朱熹和王阳明这两种诠释差异，借《中庸》中的话称为“道问学”与“尊德性”的不同。朱熹的总体看法是学以成圣，通过道问学的向外格物获取对天理的把握；而王阳明则以尊德性统摄道问学，“道问学即所以尊德性也。晦翁言‘子静以尊德性诲人，某教人岂不是道问学处多了些子’，是分‘尊德性’‘道问学’作两件。且如今讲习讨论，下许多工夫，无非只是存此心，不失

① [明]王阳明撰，王晓昕译注：《传习录译注》，中华书局2018年版，第498页。

其德性而已”[1]。虽然儒家的主张一贯以伦理道德为主，最终的知识对象往往隶属于修身成圣的终极目标，但也不能完全排除他们对“物理”即事物规律的求真务实。尽管朱熹是更多地通过向外的途径格物，而王阳明是更多地从本体心性处下手，但毕竟伦理和物理在理学的世界观中是贯通的，此即朱熹在《大学补传》中所说的“天下之物莫不有理”，格物作为修养的一门工夫，最终目的还是在“求理”之实。这个对天地人伦间“实理”的把握，不论在程朱理学，还是在陆王心学那里都是要通过“格物”来实现的。这也就是宋明理学的“格物穷理”中体现出来的实事求是的精神。

三、实事求是思想在湖湘学派中的发展

程朱理学与陆王心学是宋明理学中的两大重镇，他们都通过“格物穷理”的哲学思辨，阐释了对蕴含于天地万物之中“实理”的追求，彰显了宋明儒家对自然万物、社会人伦中客观规律的求真务实的探索精神。除此之外，宋明理学中

① [明]王阳明撰，王晓昕译注:《传习录译注》，中华书局2018年版，第506页。

还有一些学派具有实事求是精神的独特风格，如以“体用合一”“经世致用”主张见长的南宋湖湘学派的代表人物胡安国、胡宏和张栻等人。

胡安国是湖湘学派的创始人，时值两宋更替之际，胡安国与子侄及学生长期隐居著述于潭州的南岳衡山与碧泉书院。胡安国少年时曾游历太学，遍览群经，尤其擅长《春秋》。晚年的胡安国在授徒之余，潜心完成《胡氏春秋传》。《春秋》在“五经”中本就是一部专门讲述尊王攘夷、王道政治的儒家经典，在金兵逼迫、家国忧患之际，胡安国毕其心力凝聚而成的《胡氏春秋传》，被宋高宗高度评价为“深得圣人之旨”。到元延祐二年（1315年），《胡氏春秋传》被立于学官，成为科举取士的教科书，影响深远。较之以往的《公羊》《穀梁》《左传》三传，《胡氏春秋传》糅理学与经传于一体，凸显出通经致用的实事求是学风，对南宋以后的政治哲学产生了巨大的影响。在该书中，作者对时政的关心随处可见，尤其与抗金相关的夷夏之辨，胡氏三致意焉。胡安国每每借助《春秋》史事表达对现实政治的褒贬。如在对庄公九年“公与齐大夫盟于蔇”一段经文的传释中，胡安国写道：“讥公之释父怨亲仇雠也。……怨莫甚乎父母之仇，而德莫重乎安定其国家而图其后嗣也。有父之仇而不知怨，乃欲以重德报之也，则人伦废，天理灭矣。”[①]鲁庄公之父桓公曾被齐襄公手下彭生杀死，而此时又与齐国结盟于蔇。胡安国对这种不合礼制的行为给予辛辣讽刺，借以抨击在徽钦二帝被掳的时局下，南宋投降派仍与金兵媾和，胡安国以春秋笔法贬之为人伦废弃以及天理的丧失。所以《胡氏春秋传》既张扬了《公羊春秋》以来使“乱臣贼子惧”的微言大义，又将理学的天理人伦贯穿于治国平天下的经世致用之中。

胡宏是胡安国之子，自幼继承其父对家国的忧患意识和经世情怀，拒绝与秦桧等权臣同流合污，甘居山林讲学。在《与秦桧书》中，胡宏写道：“稽诸数千年间，士大夫颠冥于富贵、醉生而梦死者，无世无之，何啻百亿？虽当时足以快胸臆、耀妻子，曾不旋踵而身名俱灭。某志学以来，所不愿也。至于杰然自立志气，充塞乎天地，临大节而不可夺，有道德足以赞时，有事业足以拨乱，进退自得，风不能靡，波不能流，身虽死矣，而凛凛然长有生气，如在人间者，是真可谓大丈夫矣。……长沙湘西岳麓书院……湘山负其背，文

① [宋]胡安国:《春秋传》，岳麓书社2011年版，第86页。

水萦其前，静深清旷，真士子修习精庐之地也。……今若令潭守与漕臣兴复旧区，重赐院宇，以某有继述其先人之志，特命为山长……于以表朝廷崇儒广教之美。”[①] 胡宏在信中明确拒绝了秦桧的招徕，指斥其“颠冥于富贵、醉生而梦死”，预言其“不旋踵而身名俱灭”。胡宏以宋儒的担当精神，极大张扬了孟子以来“自立志气，充塞乎天地”的大丈夫豪气。胡安国、胡宏父子这种活用经典于现实政治的做法，正是使孔孟精神千百年后重新焕发生机的真正“实用”。这种经世致用的学术诉求并不像两汉经学那样，汲汲于博士官的名利而争论不休，它表现为胡宏以一介布衣的身份，隐居山林“议而不治”[②]。胡宏积极地谋求岳麓书院的复建，为的是把这种经世致用的实践精神，借助书院这个传统的儒家思想载体传承下去。虽机缘未熟，但这个愿望最终在其弟子张栻那里获得了实现。

南宋乾道二年（1166 年），湖南安抚使刘珙修复岳麓书院，请张栻主讲其中。张栻不仅是以《春秋》学持家的胡宏

① [宋] 胡宏著，吴仁华点校：《胡宏集》，中华书局 1987 年版，第 104 页。
② 朱汉民：《湖湘学派史论》，湖南大学出版社 2004 年版，第 89 页。

的入室弟子，而且其父是南宋抗金名将张浚，一生以收复中原为志向。这奠定了岳麓书院经世致用、爱国为民、不惧牺牲的治学传统。南宋德祐元年（1275年），在抗击元兵入侵的战役中，“岳麓诸生荷戈登陴，死者十九”[1]。这不能不说是张栻主持岳麓书院后，湖湘理学“学必实用”思想在具体社会中的贯彻落实。

---

① [清]黄宗羲著，陈金生、梁连华校：《宋元学案》第1册，中华书局1986年版，第13页。

第四节

清代经学中的实事求是

明代后期，心学末流泛滥，在解放思想的同时，也渐渐产生了空疏虚妄的弊病。明末清初，一批儒家士大夫在对阳明心学进行总结的同时，开始倡导实学。乾嘉时期，一部分学者延续了东汉古文经学的求真精神，不尚空谈，所议皆主实证，纷纷以实事求是来自我标榜。稍后，另一批学者发扬了西汉今文经学微言大义的传统，在通经的名义下，倡导致用，将传统实事求是思想中的求真与务实两方面内容统一起来，在数千年未有之大变局下，推动了近代的维新变法。

如果说汉唐经学在文献学、历史学领域表现出了实事求是思想对音义训诂的求真精神；宋明理学在哲学领域表现出了实事求是思想对实理的归纳，对客观规律的探索精神；以岳麓书院为重镇的湖湘学派在讲求性理的同时，看重实事求是思想的学以致用、经世致用的实践层面，那么清代经学中的实事求是精神则主要表现在两个方面：其一是清代朴学对古文经学求真的回归与超越；其二表现在清代中后期今文经学在通经的基础上，发扬湖湘学派经世致用的传统。前者主要体现在史学、文献学领域，也对近代文字学、音韵学、版本学、目录学、考据学，甚至数学、物理学等学科的引入与建立提供了先期准备；后者在晚清成为资产阶级改良主义思潮的重要组成，并进一步推动了实事求是思想的近代转化。

一、明末清初实学思潮对实事求是思想的提倡

明代中后期，阳明心学崛起并迅速传播。在王阳明及其弟子王龙溪时代，王学中人强调“儒者之学，务于经世”[①]。王阳明甚至亲自平定了宁王朱宸濠叛乱。然而正如黄宗羲所说：“阳明先生之学，有泰州、龙溪而风行天下，亦因泰州、

① [明]王畿：《王龙溪全集》第3册，华文书局1970年版，第1200页。

龙溪而渐失其传。……泰州之后，其人多能赤手以搏龙蛇，传至颜山农、何心隐一派，遂非名教之所能羁络矣。”[①] 在明清之际提倡实学的一批学者看来，阳明心学中的诸多唯心命题，如“心即理”“心外无物”“心外无理”“无善无恶心之体”等，在一定条件下合理的解释尚能契合孔孟心传，不至于离经叛道。但如果不受约束，像王学末流那般，把心体的地位无限扩大化，往往会造成“袭语录之糟粕，不以六经为根柢，束书不观，但从事于游谈”[②] 的空疏虚妄的流弊。杜国庠先生批评“六经注我”的传统时指出：“主观主义者，蔑视客观、脱离客观，不以客观为标准。故其所谓理者，常是高下在心，恣意说话，其引用解释前人的言论，也往往断章取义，任意附会，不惜强使古人以就自己。”[③] 事实上，明代中期以后，泛滥的心学在主观主义流行下，脱离现实、率性附会，高谈阔论、凌虚蹈空，已经较为严重地脱离实事求是的治学态度。在晚明天启、崇祯二朝，士人集团内部已酝酿了

① [清]黄宗羲：《明儒学案》，中华书局2008年版，第703页。
② [清]江藩著：《国朝汉学师承记》，中华书局1983年版，第126页。
③《杜国庠文集》，人民出版社1962年版，第477页。

治学取向的新转化。

万历、天启年间兴起的东林学派，就以程朱正学为标榜，反对蹈虚空谈，提倡经世致用。以顾宪成、高攀龙、赵南星、冯从吾、邹元标等为首的一批儒家士大夫，共同结成“天下东林讲学书院”[①]，风气相投，倡导“有用之学”。高攀龙明确说出：“若是个腐儒，不通事务，不谙时事，在一身而害一身，在一国而害一国，当天下之任而害天下。”[②] 在反对“不谙时事”空谈心性的学风下，东林书院一堂师友，冷风热血，洗涤乾坤，践行了“风声雨声读书声声声入耳，家事国事天下事事事关心”的实践理学和儒家情怀。

①《明史·熹宗本纪》载：“（天启五年）八月壬午，毁天下东林讲学书院。”该名实为东林学派的敌对者所加，但不是不可接受。无锡的东林书院、京师的首善书院以及关中书院、江右书院等，不论是在讲学风格上对程朱的推崇，还是在政治诉求上对议政的积极参与，都是接近的，共同反映出明末学风开始“丕变”（陈垣语）的先兆。

②《东林书院志》整理委员会整理：《东林书院志》，中华书局2004年版，第89页。

二、清代经学求真精神对实事求是思想的回归

清代初期，统治阶级在“黜异端以崇正学”的名义下，表面上推崇以程朱理学为道统的儒学，但实际上加大了对儒学的管控力度，大兴文字狱。康熙、雍正、乾隆三朝被记载下来的较为严重的文字狱就有40起左右，如著名的“庄廷龙《明史稿》案”“戴名世《南山集》案”“吕留良《文选》案”等。在文字狱的打击下，不少儒生开始回避现实，躲避政治，东林书院倡导的经世致用之学昙花一现，旋即被埋没。曾经被宋学抛弃的汉唐古文经学中的音训考据，在清初死灰复燃式地迅速发展起来，甚至成为一门显学。梁启超对此总结道：

吾尝言当时“经世学派”之昌，由于诸大师之志存匡复。诸大师始终不为清廷所用，固已大受猜忌。其后文字狱频兴，学者渐惴惴不自保，凡学术之触时讳者，不敢相讲习。然英拔之士，其聪明才力，终不能无所用也。诠释故训，究索名物，真所谓“于世无患，与人无争”，学者可以自藏焉。又所谓经世之务者，固当与时消息，过时焉则不适且。治此学者既未能立见推行，则藏诸名山，终不免成为一种空论。等

是空论，则浮薄之士，何尝不可剿说以自附？附者众则乱真而见厌矣。故乾嘉以降，此派衰熄，即治史学地理学者，亦全趋于考证方面，无复以议论行之矣。[①]

以“诠释古训，究索名物”见长的考据学派在乾嘉朝一枝独秀起来，乾嘉之学因此被称为考据学。因其朴实无华，又被称为朴学。乾嘉考据学与侧重“大学三纲领”“大学八条目”的宋明理学的关注点有所不同，往往自称小学。因为延续了汉代古文经学中“实事求是，无征不信”的传统，乾嘉考据学也被宽泛地称为汉学。梁启超在《清代学术概论》中，对乾嘉考据学给出了一个概括：“其治学根本方法，在‘实事求是’‘无征不信’。其研究范围，以经学为中心，而衍及小学、音韵、史学、天算、水地、典章制度、金石、校勘、辑逸等等。而引证取材，多极于两汉，故亦有‘汉学’之目。”[②]其中著名的代表人物有吴派的惠栋和徽派的戴震，还有段玉

① 梁启超著，朱维铮导读：《清代学术概论》，上海古籍出版社 2019 年版，第 46—47 页。
② 梁启超著，朱维铮导读：《清代学术概论》，上海古籍出版社 2019 年版，第 7—8 页。

裁、王念孙、王引之等人，他们皆是一代著名的考据学者。

乾嘉考据学虽然因文字狱等客观原因而兴起，但从另一方面来看，也促进了实事求是考据求真之学的深度发展。梁启超的概括是抓住了乾嘉考据学的根本特征的，因为乾嘉考据学发轫处的西汉古文经学，早已被班固总结出了实事求是的治学特点。在“诠释古训，究索名物”基础上发展起来的文字、音韵、天算、水地、典章制度、金石、校勘等具体学科，在乾嘉时期都取得了精益求精的成果，并在晚清西方科学进入中国后，为现代学科的建立奠定了基础。

在历史考证等问题上，乾嘉考据学派议论皆主实证，不尚空谈。章太炎赞许戴震所传说：“凡戴学数家，分析条理，皆参密严瑮，上溯古义，而断以己之律令。”① 对研究对象，乾嘉考据学派从客观事实出发，按逻辑规律缜密推理分析，在扎实可靠的实证下，才得出自己价值判断上的“律令”结论。这种学风，直到今天仍然是学界中的通识，所以在近代就受到像章太炎这样的学术大家的肯定。《清史稿》说：“震之学，由声音、文字以求训诂；由训诂以寻义理，谓‘义理

①《章太炎全集》第 3 册，上海人民出版社 2018 年版，第 483 页。

不可空凭胸臆，必求之于古经’。”其学“研精注疏，实事求是，不主一家”[①]。值得注意的是，实事求是的学问方法并不局限于戴震一人，乾嘉学者抛弃汉宋门户之间，对古籍校勘无不以实事求是为圭臬。即便是古文经学自家所尊奉的古文经，也一视同仁，认为一切观点都要靠实证实据得出。正是基于这种对知识对象求真务实的态度，阎若璩穷本溯源，辨核一书，致检数十书相互印证，“沉潜二十余年”写出《古文尚书疏证》，证明今传五十八篇《尚书》中的二十五篇为晋人伪作。四库馆臣评价说：“至国朝阎若璩《古文尚书疏证》出，条分缕析，益无疑义，论者不能复置一词，然创始之功实鹭为之先也。”[②] 著名朴学家阮元在《研经室集自序》中表明自己的治学立场时说：“余之说经，推明古训，实事求是而已，非敢立异也。”[③] 标榜实事求是的考据学家钱大昕倡导：“通儒

---

① 赵尔巽等：《清史稿》第 43 册，中华书局 1977 年版，第 13198 页。

② [清] 纪昀等编著：《文渊阁四库全书》第 64 册，（台北）商务印书馆 1986 年版，第 2 页。

③ [清] 阮元：《研经室集》上册，中华书局 1993 年版，“自序”第 1 页。

之学，必自实事求是始。”[1] 洪亮吉称赞晋涵治学“推求本原，实事求是”[2]，等等。所以我们说实事求是是当时乾嘉考据学派的共同主张，可以说代表了乾嘉考据学派的根本学术特征。

有学者将乾嘉考据学称为知识考古学上的实事求是，这是有一定道理的，乾嘉学者把大量的精力用在虫、鱼、鸟、兽的名物考订上，用在版本、史事的真伪鉴别上，的确如其标榜的那样，在相应的学科中推进了实事求是的运用。但是在另一方面，他们主动或被动地疏远了传统儒家经世致用的实践精神和理想。这也引起了崇尚程朱理学的清代理学家的不满。清代中叶以后，文网渐松，较乾嘉考据学者略晚的理学家方东树提出了抗议，名为《汉学商兑》，意即对发源于汉学（古文经学）的治学方法进行商榷。他认为，这种自汉代刘德以来的实事求是虽然“言言有据，字字有考”，但也只是“向纸上与古人争训诂形声”，而对于正心诚意，进而“推之民人家国了无益处，徒使人狂惑失守，不得所用”。正如南宋岳麓书院山长张栻在其理学思想中贯彻了经世致用的

① [清]钱大昕：《潜研堂集》，上海古籍出版社1989年版，第421页。
② [清]洪亮吉：《卷施阁文甲集》，第9卷，光绪三年授经堂木刻本，第3页。

理学情怀，方东树同样认为，实事求是不能脱离实用而局限于纸上经典。无用之学只是至虚的学问，谈不上追求实事的学问。所以从“实用”这一层面上讲，“实事求是，莫如程朱”[①]。王兴国由此认为，“显然，汉学家已开始向汉学家争夺‘实事求是’这面旗帜了”[②]。然而或许由于程朱理学作为科举的意识形态长期僵化，方东树基于程朱理学的实事求是主张，除了在晚清倭仁、曾国藩等人那里获得了有限的回应外，并没有获得更大的发展，或者说并没有超越宋明之学。

三、晚清今文经学重举实事求是旗帜

清代中期以后，西风东渐，在李鸿章等晚清人常说的“数千年未有之大变局”的时代背景下，不再拘泥于故纸堆中的饾饤考据，将中国传统中的实事求是思想推向社会实践的主力军，不是清代回光返照的程朱理学，而是逐步复兴的今文经学。较早复兴今文经学，尤其是公羊学的，是浙江的龚

① [清]方东树著，漆永祥校：《汉学商兑》，北京联合出版公司2017年版，第57页。

② 王兴国：《实事求是论：马克思主义“实事求是”命题与中国传统文化》，湖南人民出版社1998年版，第91页。

自珍和湖南的魏源。龚自珍和魏源都师从于常州学派的刘逢禄，刘逢禄则是清代公羊学先驱庄存与的外孙。龚自珍与魏源的治学兴趣与施政主张相仿，两人常被并称为龚魏。清代今文经学自庄存与、刘逢禄开始，试图摆脱“家家许郑，人人贾马”的纯粹训诂学风，而发扬公羊学的经世义理。龚自珍、魏源沿着庄、刘开辟的路径继续前行，在鸦片战争前夕，敏锐地感受到了时代的迫切要求，重举公羊学旗帜，以通经的名义，呼唤变法。比如，龚自珍从“张三世、存三统”的传统公羊学观念出发，倡言变法先声：“自古及今，法无不改，势无不积，事例无不变迁，风气无不移易。”[①] 魏源痛斥乾嘉学术之无用：“以诂训音声蔽小学，以名物器服蔽《三礼》，以象数蔽《易》，以鸟兽草木蔽《诗》，毕生治经，无一言益己，无一事可验诸治者乎！”[②] 其代表作《默觚》分《学篇》与《治篇》，由学而治的意图十分明显。魏源与龚自珍相应共唱变法之先声，他引《诗经》“物其有矣，维其时

① [清]龚自珍：《龚自珍全集》，上海人民出版社1975年版，第319页。
② [清]魏源：《魏源集》上册，中华书局1976年版，第24页。

矣”，而主张“变古愈尽，便民愈甚”[①]。盖学风之转变，“其作始也简，其将毕也必巨”。[②]由庄、刘发微，龚、魏推衍的清代今文经学通经致用的学风，到了清末康、梁之时，终于发展成声势浩大、托古改制的变法潮流。

在清代中晚期兴起的今文经学中，尤其受到湖湘文化熏染的魏源有意识地将汉学“贯通经典”的实学考证，与宋学（尤其湖湘学派中的）“经世致用”的实事经邦结合起来。魏源说：“士之能九年通经者，以淑其身，以形为事业，则能以《周易》决疑，以《洪范》占变，以《春秋》断事，以《礼》《乐》服制兴教化，以《周官》致太平，以《禹贡》行河，以《三百五篇》当谏书，以出使专对，谓之以经术为治术。曾有以通经致用为诟厉者乎？”[③]魏源给予“通经致用”一个明确的说明性表述，即“以经术为治术”，也就是说以六经为蓝本，“形为事业”，直接为经世济民的治国之术服务。鸦片战

① [清]魏源：《魏源集》上册，中华书局1976年版，第48页。

② 罗志田：《清季民初经学的边缘化与史学的走向中心》，《汉学研究》1997年第2期。

③ [清]魏源：《魏源集》上册，中华书局1976年版，第24页。

争之后，特别是甲午战争之后，内忧外患的外缘性因素促使崇尚致用的今文经学由复活而高涨。康有为著《新学伪经考》《孔子改制考》，并以此为理论开展戊戌变法，将近代的“通经致用”观念推至极致。从魏源“出使专对”“以经术为治术”，到康有为“善言古者，必切于今；善言教者，必通于治”，[①] 可以看出今文经学一个显著的特点就是大力提倡“通经致用”，要求学术服务于治术。今文经学家从自己的立场阐释六经、发扬春秋大义，并积极地为维新变法的政治诉求做理论铺垫，成为引导清末民初思想巨变的先声[②]。

①《康有为全集》第 1 集，中国人民大学出版社 2007 年版，第 19 页。
② 张利文:《“经世致用”与“通经致用观念再议——以晚清湖南今古文经学论争为考察》,《湖南城市学院学报》2013 年第 6 期。

第五节
实事求是思想的近代转化

鸦片战争后，西方思想伴随着枪炮涌入中国。1905 年，科举废而学校兴，物理、化学、机械、兵工等新式教育逐渐流行，一批知识分子怀着“实业救国”“科教兴国”的理念致力于实用之学的普及。这使得致用之本，从 2000 多年传统中的儒家经文转型为近代学科的创立，开启了实事求是思想的近代转化。

一、晚清新思潮下实事求是思想的体用之辨

毛泽东在《论人民民主专政》一文中说：“自从一八四〇

年鸦片战争失败那时起，先进的中国人，经过千辛万苦，向西方国家寻找真理。洪秀全、康有为、严复和孙中山，代表了在中国共产党出世以前向西方寻找真理的一派人物。那时，求进步的中国人，只要是西方的新道理，什么书也看。”[①]晚清至民国时期，西方各种文化思潮涌入中国，传统文化遭遇前所未有的挑战，“向日本、英国、美国、法国、德国派遣留学生之多，达到了惊人的程度”，“西方资产阶级民主主义的文化，即所谓新学，包括那时的社会学说和自然科学，和中国封建主义的文化即所谓旧学是对立的”[②]。在中西文化碰撞、新旧势力冲突的 19 世纪末 20 世纪初，中国社会各种思潮风起云涌，“天下多得一察焉以自好”。社会处于某种半新半旧或亦新亦旧的“过渡时代”（梁启超语）。王国维曾经说：“泰西通商以后，西学西政之书输入中国，于是修身齐家治国平天下之道乃出于二。”[③]

在东西方文化碰撞的 19 世纪末，传统的修身、齐家、治

①《毛泽东选集》第 4 卷，人民出版社 1991 年版，第 1469 页。
②《毛泽东选集》第 4 卷，人民出版社 1991 年版，1469—1470 页。
③《王国维全集》第 14 卷，浙江教育出版社 2009 年版，第 212 页。

国、平天下之道受到了前所未有的冲击，儒家经典在社会上的重要性也逐渐主动或被动地遭到淡化，预示实事求是的思想在清末民初必然发生近代性转化。这首先表现在洋务派的实事求是思想中。张之洞推广冯桂芬的“中体西用”说，在简化“中体”的同时引入“西用”。张之洞主张熟读《近思录》《东塾读书记》《御批通鉴辑览》《文献通考详节》四本综合性的儒家典籍，即可主宰“中学”，而将其余精力用在西学上。所谓“皆知外洋各国之强由于兵，而不知外洋之强由于学”[①]，引入“西学”以致用，成为张之洞《劝学篇》中的主要内容。

即便以汉学为主的传统书院，也开始注重近代实学。比如，光绪五年（1879 年）从岳麓书院迁出的湘水校经堂改名校经书院，要求诸生“寝馈于四书、六经”之余，要遍读经世之书，“以研究乎农桑、钱币、仓储、漕运、盐课、榷酤、水利、屯垦、兵法、马政之属，以征诸实用”。江标到任湖南学政后，对校经书院进行了改制，添购中西书籍以及天文、舆地、物理、化学方面的仪器，同时改革课程，聘请教习讲

---

① ［清］张之洞：《张文襄公全集》第 1 册，中国书店 1990 年版，第 684 页。

授数学、英语、地理等新学。1897年江标更是在校经书院中设立实学会，在浏阳大力支持谭嗣同等人兴办算学社，由此变革湖南以科举为导向的陈腐的应试风气，倡导“实用”新学。同年，熊希龄、梁启超等人在湖南正式开办时务学堂，开创湖南近代的维新运动，强调“以天下为己任”，摈弃官学、书院教育的专习时文，而要“通古今，达中外”，兼讲中西之学。湖南巡抚陈宝箴后来告示全省学界：“湖南省城遵旨开设时务学堂，并将岳麓书院师课改章，讲求实学，以期渐次推广。”[①]可见陈宝箴、江标等一批开明官绅在湖南省城校经书院、时务学堂推进的教育改革，以“讲求实学”为目的，通过引入西学为途径，使得书院改制和创设新式学校的浪潮很快遍及全省，进而与影响中国近代历程的清末维新运动紧密地关联了起来。

在西学的冲击下，古文经学长期以来的“通经致用”观念也发生了动摇。因为“通经致用”说的前提是，六经本身蕴含着道，只要从经中找出了这个一贯的道理，那么就可以用来经世而致用。比如，魏源认为的《禹贡》可以治河，《洪范》可以察变，《春秋》可以决狱，《诗经》可以讽谏。但是

①《两院告示》，《湘报》第1号。

这个“经以载道”的观念在清末民初社会剧烈的变动下已经不再像以往那样使人确信不疑了。比如，章太炎就认为六经虽载远古之事，“先人手泽，贻之子孙，虽污垢佇劣者，犹见宝贵，若曰尽善则非也。《礼经》一十七篇，守之贵族，不下庶人。皇汉迄今，政在专制。当代不行之礼，于今无用之仪，而欲肄之郡国，渐及乡遂，何异宁人欲变今时之语，返诸三代古音乎！……故知通经致用，特汉儒所以干禄，过崇前圣，推为万能，则适为桎梏矣！”[①] 章太炎以经学大师的身份对“通经致用”说的非难，使得传统经学的实用性受到了较大的打击，预示了传统文化中的实事求是思想在新旧文化交替的近代，面临进一步转化的时代要求。

二、近代资产阶级实业救国思潮下的实事求是诉求

1905 年科举与八股取士制度的废止，新式学校和学科制度的建立，使得以传统经学为载体的实事求是思想，更加注重实学与实业。进入民国后，在实业救国、科教兴国的时代

---

①《章太炎全集》第 8 册，上海人民出版社 2018 年版，第 155 页。

呼声下，早期民族资产阶级的一批代表人物将发展实业、以工立国、实现工业化作为奋斗目标，尤其重视在现代教育中引入实业教育的内容。例如，宾步程在宣统元年（1909年）留德归国后，即在湖南高等实业学堂担任讲师，后又兼任粤汉铁路局机械工程师，常年致力于实业的推进。尤其在他担任湖南公立专门学校校长期间，将学校迁入岳麓书院，使之成为民国初年湖南实业教育的最高学府，赢得了“中国南七省第一校”的殊荣。1916年宾步程在岳麓书院书写了“实事求是”牌匾，至今仍挂在岳麓书院讲堂檐下。宾步程学生曾回忆当时的校风说：“珍重师门求实语，相期直上最高峰。”[①]

总体而言，宋明理学从汉唐烦琐的解经训诂中解放出来，致力于探寻宇宙人心背后的天理，在“向上一路”中寻找社会伦理的“所以然”。以岳麓书院为重镇的宋明理学中的重要学派——湖湘学派，在抗金救亡爱国主义的时代主旋律下，从传统儒学“经世致用”思想下开出“实学”“实用”的理学实践工夫。从汉唐经学到宋明理学，实事求是思想在哲学上表现出经典上的求真与实践中的务实两个面向的内容，借助

① 宾步程著，宾睦新等整理：《宾步程集》第6册，广东人民出版社2019年版，第323页。

"性""理"等宋明理学独有的哲学范畴，揭示出中国哲学对宇宙间规律性与必然性的探索，规律性成为传统文化中实事求是思想中第三个面向上的内容。明代中后期，顾宪成、高攀龙等东林学派反思心学末流的空疏虚妄，再次强调读书要与天下治平关联起来，凸显"有用之学"，开启了明末清初实学转向之先风。此后顾炎武、黄宗羲、王夫之等明末清初大儒，以及惠栋、戴震、阮元等乾嘉朴学学者，直接打出实事求是的旗号，将实学"无征不信"的精神贯彻于版本校勘、文字音义的考证中，通过"求真"与"辨伪"两个方面开启了知识考古的先河。清代中叶以后，龚自珍、魏源、廖平、康有为等今文经学学者将经典阐释与经济民生结合起来，将传统实事求是思想中的求真与务实两方面内容统一起来，倡导"通经致用"的新学风，主张"言教必通于治"，为近代的维新变革作好了理论和思想铺垫。清末民初，在"实业救国""科教兴国"的口号下，物理、化学、机械、兵工等新学如雨后春笋般出现。八股取士、科举制的废止，使得传统观念中的"通经致用"思想发生裂变，"致用"之本由通儒经迅速转型为通新学、兴科教、干实业，传统文化中的实事求是思想，开始了近代化转变。

第二章

湖湘文化是实事求是思想路线的重要来源

湖湘文化的本质，不是一种地域文化，而是中华文化在近现代的一种重要形态。它是我们主流文化的一种重要形态、载体，也是中华文化核心道统的一种传承。湖湘文化蕴含的精一执中、上下求索、经世致用、知行合一、心忧天下、敢为人先、兼收并蓄、放眼世界等思想精髓，是湖南人民的智慧结晶，与实事求是思想具有高度契合性。在湖湘文化的形成和实事求是思想的发展史上，岳麓书院起到了至关重要的作用。北宋开宝九年（976年），岳麓书院在此前僧人办学的基础上，由当时担任潭州太守的朱洞主持创建而成。此后，历经千年，弦歌未绝，培育了一批又一批经邦济世之才。岳麓书院从创办之始，就以“传道济民”为教育宗旨，前有胡安国、胡宏“康济时艰”“明体致用”的思想，后有王夫之的经世实学，至晚清魏源、曾国藩、左宗棠等重要人物将经世务实思想推上新的高度，形成独具湖湘地域色彩的经世致用思想谱系。在这一学风影响下，湖湘文化中的实事求是思想基因被不断激活，使实事求是从治学之道拓展至为学、为政、为人等方方面面，时至近代更是成为指引湖湘士子走出书斋、投身社会，探寻救国救民真理的思想基点。

第一节
湖湘文化中的实事求是思想基因

湖湘文化中蕴含的精一执中、上下求索、经世致用、知行统一、心忧天下、敢为人先、兼收并蓄、放眼世界等精神特质，是中华优秀传统文化的重要内容。总体上，湖湘文化的精神特质在世界观方面蕴含把握事物客观规律和法则的朴素唯物主义思想，在认识论方面内含重视实践、不离实践的观点，在方法论方面具有注重矛盾双方对立统一关系的辩证色彩，在价值观方面呈现以民为本、关切民生的民本因素，等等，为传统实事求是思想的现代转化提供了思想与逻辑的基础，是实事求是内在的“思想基因”。

一、精一执中，上下求索

精一执中、上下求索是湖湘文化的显著特征。精一执中即“惟精惟一，允执厥中”，是舜文化的核心内容；上下求索即求真理、索大道，是屈原文化的突出特点。舜文化与屈原文化，共同塑造着湖湘文化。

注重“中”，是舜文化的突出特点。历代典籍多有记载，其中，《尚书·大禹谟》称舜传授禹“人心惟危，道心惟微，惟精惟一，允执厥中”，包括湖湘学派在内的宋明理学家多认为这十六字是实录，承载着尧舜禹三圣相传的大经大法。何谓“中”？这是中国传统哲学的一个根本性范畴，具有多层语义，衍生出一系列与之相关的概念，如“中庸”“中和”“中正”“时中”“执中”“用中”等。舜“允执厥中”“执其两端，用其中于民”，实则是以“中”为政治原则，投入治国安民的具体实践。“中”也就是切中社会政治实践目标，这要求在事物矛盾运动的“两端”之间达到一种“不偏不倚、无过与不及”的动态平衡。因为世界上的任何事物都有着相互矛盾的两端，两端推到极致就是两个极端，而现实世界并不存在至善无恶和至恶无善这样的一对极端，一切事物都只是在不断向着某一极端运动而难以达到那个极端，因此两端本身就是复杂多样、变动不居的，也就不存在一个固定的、绝对的中间点。“中”就是要在事物不断运动变化的过程中，始终保持合乎时宜、随时变通、与时俱进的动态平衡。因此，“中”可以说是一种以达到实践目标为鹄的的辩证思维方式。毛泽东在《改造我们的学习》中强调“实事求是”，形象地指出中国共产党人要用马克思列宁主义这根“矢”射中国革命这个“的”，即是要通过辩证的方法切中实践目标。

“中”是很难做到的，但舜告诉我们：只要“惟精惟一”，精诚专注、一心一意，不断追求过程的动态平衡，结果自然不会坏。“惟精故一，惟一故中”，“惟精”是要专注精审于“两端”之间的全过程，“惟一”则是要在“两端”运动过程中保持双方的平衡、和谐、统一。“惟精惟一”，是关于“心”的脚踏实地、实实在在的学问。因为“人心惟危，道心惟微”，人的内在精神本是“人心”和“道心”的统一，但公正诚明的“道心”微妙难觉，易流为自然欲望的“人心”，常常变得很危险。只有精诚专注，才能辨明“人心”和“道心”；只有把握了“人心”与“道心”这一对矛盾，才能做到“人心”与“道心”矛盾的统一。“惟精惟一”就是要客观地、正确地直面自己的内心，始终保持内心的精诚、专一，进而全身心、无遗力，实实在在地去进行修养和实践，避免心猿意马、三心二意、投机取巧。质言之，在着重于人的内心实际与修养实际这一点上，“惟精惟一”与“实事”是相通的；而“执中”甚至可以直接理解为“求是”，毕竟“中”在中国传统文化中是至高的规律、法则和方法。

屈原曾在《离骚》中发出“路漫漫其修远兮，吾将上下而求索”的振奋人心之音。“上下”即天地，即客观事物，亦即“实事”；“求索”即寻求、思索，即从天地万物等“实事”中发现和总结宇宙和人生的规律、法则、道理、方法，来指导具体实践，即“求是”。湖湘学者的“上下求索”，核心的一点，就是立足于天地万物，寻求中正平和的宇宙真理，探索切中伦常的人生大道，从而达到“天人合一”的至高目标。在湖湘学者“天人合一”的视域中，作为“天下之大本”的“中”进一步日用伦常化，日用伦常亦随之“本体化”，这促使一种追求切合实际运用的文化传统的形成。张栻、朱熹、王夫之等思想家对“中”的求索，在湖湘文化这一传统的形成中，厥功至伟。其中，张栻认为“经者天下之常理，中之见于庸者也”[①]，“中”是人们日常生活中普遍运用的，就像河南人至今仍经常会用“中”来表达肯定、合适等意思。换言之，“中”并非玄奥的道理，而是每个人都能够做到的状态，只要人们专注于实践过程，认真把当下的事情做好，那就是“中”。王夫之对“中”进一步阐发说：“天之显道、圣人之至教、君子之实学，合于一致者，则中庸是也。……皆以合乎无过不及之天则，而实徵之用者矣。”[②]“中”被建构为一种“实学”。近代以来，湖南人不畏生死、前仆后继，惟精惟一、上下求索的这种救国救民的精神和实践，其实也是“中”的一种生动呈现。相应地，富含辩证、实践意蕴的“中”，在中国革命中焕发出新的强大生命力。

二、经世致用，知行统一

经世致用、知行统一是湖湘文化显著的精神标识。经世致用，是要学问有益于国家事业；知行统一，是要学问与实

① [宋]张栻撰，邓洪波校：《张栻集》上册，岳麓书社2017年版，第428页。
② [清]王夫之撰，《船山全书》编辑委员会编校：《船山全书》第7册，岳麓书社2011年版，第471页。

践保持一致。放眼全国，湖湘文化中的经世致用精神尤为突出，这是因为经世致用精神致力于达到真知与力行的统一。

从屈原“眷顾楚国，系心怀王，不忘欲反。冀幸君之一悟，俗之一改也”[①]，到贾谊直言不讳地指出西汉初年“事势，可为痛哭者一，可为流涕者二，可为长太息者六，若其它背理而伤道者，难遍以疏举”[②]，并为汉代社会的发展献计献策，擘画蓝图，再到柳宗元在永州关心民生疾苦，于《捕蛇者说》《种树郭橐驼传》等诗文中抒发经世致用的精神与抱负，“衡湘以南为进士者，皆以子厚为师”[③]。湖湘文化中经世致用的精神传统，可谓由来已久。到宋代，岳麓书院等地方学校的建立以及湖湘学派的崛起，不仅为湖南培养出一批批经世致用之才，而且将经世致用精神提升到哲学思想的高度，成为指引士子立身处世的行动指南，形成独具湖湘地域色彩的经世致用的思想谱系。

---

① [汉]司马迁:《史记》卷八十四《屈原列传》，中华书局1959年版，第2485页。
② [汉]班固:《汉书》卷四十八《贾谊传》，中华书局1962年版，第2230页。
③ [唐]韩愈撰，马其昶校注:《韩昌黎文集校注》，上海古籍出版社1986年版，第512页。

湖湘文化中的经世致用，是知与行的统一。没有真知，经世致用就会缺乏正确的方向；没有力行，经世致用只会沦为一句空言。胡宏就认为："务圣人之道者，必先致知，及超然有所见，方力行以终之。"① 张栻进一步发挥胡宏的知行统一论，提出"致知力行互相发"② 的观点。王夫之对知和行的辩证统一关系有更为清楚的说明，使"知行论达到中国古代朴素唯物主义的最高水平"③。魏源则坚持"乌有不行而能知者乎"的重行主张，如果再结合其"以实事程实功，以实功程实事"④ 来看，现代语境中的"实事求是"已经是呼之欲出了。毛泽东的老师杨昌济也极其注重知行统一，强调："知则必行，不行则为徒知，言则必行，不行则为空言，……故学者尤不可不置重于实行也。"⑤ 并且批评汉学家"实事求是"的

① ［宋］胡宏著，吴仁华点校：《胡宏集》，中华书局 1987 年版，第 34 页。

② ［宋］张栻撰，邓洪波校：《张栻集》下册，岳麓书社 2017 年版，第 615 页。

③ 周秋光主编：《湖湘文化宏观研究》，湖南师范大学出版社 2001 年版，第 177 页。

④ ［清］魏源撰，魏源全集编辑委员会编校：《魏源全集》第 13 册，岳麓书社 2011 年版，第 180 页。

⑤《杨昌济文集》，湖南教育出版社 1983 年版，第 365—366 页。

治学方法说："近世汉学家言，薄虚悟而尚实证，夫其尚实证是也。然但求实证于古而不求实证于今，但求实证于文字而不求实证于事物，又岂得谓实哉？"进而提出："学者务积功于实事实物。"[①]这种尊重事实、重视实践的精神对青年毛泽东影响颇深，他在研读《伦理学原理》时即批注说："伦理学之正鹄在实践，非在讲求。"[②]这种重力行、重践履的学风，在其日后的政治实践中不断得到丰富和发展，为他用马克思主义创造性转化"实事求是"奠定了思想基础。

三、心忧天下，敢为人先

心忧天下、敢为人先是湖湘文化的鲜明特征。中国自古就强调忧患意识，孟子说"生于忧患，而死于安乐也"，历朝历代均不乏心忧天下之人。而湖南在这一方面尤为特出，其中的一个重要原因，就在于湖湘文化中的心忧天下和敢为人先达到了内在的统一，心忧天下是情是知，敢为人先乃性

① 杨昌济：《达化斋日记》，湖南人民出版社1978年版，第74、24页。
②《毛泽东早期文稿》，湖南人民出版社2008年版，第114页。

乃行，湖南人民不仅心忧天下，而且奋起而行之，敢为天下先，在实践中艰苦奋斗、创造发明。

早在 1903 年，湖南民主革命家杨毓麟就发表了《新湖南》一文，文中阐述了湖南“特别独立之根性”①。所谓“特别独立之根性”，就是心忧天下、敢为人先。心忧天下，忧的是苍生，是社稷，是道德，是文明；敢为人先，为的是国家，是民族，是民生。浸润其间的，是对故土、故国、故人的深沉情感。湖湘文化中的心忧天下、敢为人先精神，最鲜明地体现在对文化危机的忧虑和对文明延续的努力上。例如，在宋代儒学陷入内外危机之际，周敦颐“师心独往”，通过对先秦经典文献尤其是《易传》《中庸》的融会贯通和发挥利用，进行社会伦理本体化和天道本体伦理化的双向建构，创立起一套以“诚”为核心范畴，沟通天人的本体理论思想，为宋代儒学复兴以及理学的兴起奠定了重要的基础，这也是后世不少学者将他看作宋明理学开山之祖的原因所在。明清鼎革之际，儒学再度陷入了深刻的危机，王夫之上下求索，从本体论、认识论、伦理学、政治哲学、历史哲学等方面，重开

①《杨毓麟集》，岳麓书社 2001 年版，第 35—38 页。

儒学生面。

心忧天下、敢为人先始终贯穿于湖南人的精神之中，这种精神在新民主主义革命时期，受到广泛推崇。1920 年 5 月，在青年毛泽东等人组织和领导驱逐北洋军阀张敬尧在湖南势力的“驱张运动”之际，陈独秀在《新青年》上发表《欢迎湖南人底精神》进行声援。同年 6 月，上海《申报》《民国日报》等报刊上发表了由青年毛泽东起草的《湖南改造促进会复曾毅书》，文中宣称要“充分发挥湖南人之精神，造一种湖南文明于湖南领域以内”[①]，由此引发了一场轰轰烈烈的湖南自治运动。“正是通过对这两个运动的经验总结，毛泽东终于走上马克思主义之路，并实现了将马克思列宁主义与中国实践相结合，创立毛泽东思想的伟大业绩。”[②]进而言之，毛泽东思想（包括其实事求是思想）的形成和创立，与“湖南人之精神”是直接相关的，“为有牺牲多壮志，敢教日月换新天”的豪迈气魄内蕴的正是心忧天下、敢为人先的湖湘文化精神。

①《毛泽东早期文稿》，湖南人民出版社 2008 年版，第 440 页。

② 周秋光主编：《湖湘文化宏观研究》，湖南师范大学出版社 2001 年版，第 199 页。

四、兼收并蓄，放眼世界

兼收并蓄、放眼世界，是湖湘文化的又一鲜明特征。因兼收并蓄，故能放眼世界，博采众长，成就其大。兼收并蓄、放眼世界的内驱力，实在于根据时代发展需要，实事求是、解放思想、与时俱进，广泛吸收融通一切有利于国家民族的优秀文化。近代以来，湖湘文化兼收并蓄，在放眼世界，引入科学的思想理论之后，不断激发出其本身的创新性实践活力。

早在晚明西学东渐时期，湖湘士人就开始关注起天主教。如王夫之敏锐地注意到儒家学说与天主教教义之间的根本差异，并加以辨析，总体认为“西夷之可取者，唯远近测法一术，其他则皆剽袭中国之绪余，而无通理之可守也”[①]，从正面张扬理学价值立场来应对天主教的挑战。

到近代，湖湘人士进一步兼收并蓄、放眼世界，积极了解、吸收西学。魏源是“睁眼看世界”的先行者，郭嵩焘作为中国第一任驻外使节，他对西学的了解已深入到哲学、文

① [清]王夫之撰，《船山全书》编辑委员会编校:《船山全书》第12册，岳麓书社2011年版，第439页。

学等深层次的价值精神。[1]谭嗣同更自觉地利用西学来建构自己的仁学体系，强调“凡为仁学者，……于西书当通《新约》及算学、格致、社会学之书”[2]。杨昌济在西学方面颇有造诣，著有《哲学上各种理论之略述》《各种伦理主义之略述及概评》等，在国内较早介绍和评论当时西方哲学、伦理学的主要流派，他认为，“吾人求学海外，欲归国而致之于用，不可不就吾国之情形深加研究，何者当因，何者当革，何者宜取，何者宜舍，了然于心，确有把握，而后可以适合本国之情形，而善应宇宙之大势”[3]。作为青年毛泽东的老师，他的这番重视国情研究的肺腑良言，对于毛泽东改造传统实事求是思想，注重将马克思主义基本原理同中国具体实际相结合、同中华优秀传统文化相结合产生了直接影响。

---

① [清]郭嵩焘：《郭嵩焘全集》第11册《经部十一》，岳麓书社2018年版，第53—54页。

② [清]谭嗣同撰，何执编：《谭嗣同集》，岳麓书社2012年版，第315页。

③《杨昌济文集》，湖南教育出版社1983年版，第199页。

第二节

早期湖湘学派的“康济时艰”“明体致用”思想

两宋之际，文化事业兴盛，讲明理学、宣扬道统蔚然成风。创建湖湘文化的湖湘学派和由湖湘文化孕育的一代代湖南学人，大都追求所谓“三不朽”的理想人生，在修身、齐家、治国方面均卓有建树，令人瞩目。作为湖湘学派的开创者，胡安国、胡宏父子在湖南创建书院、传道讲学、著书立说，形成以“湖湘”闻名的地域化学派，即“湖湘学派”，继而涌现出包括张栻在内的一批湖湘门生。胡安国的“康济时艰”思想、胡宏的“明体致用”思想成为早期湖湘学派的重要思想来源，为张栻等后学所秉承。湖湘学派及其思想主张在宋明时期得以发扬光大。

一、胡安国、胡宏的“康济时艰”“明体致用”思想

胡安国，字康侯，人称“武夷先生”，北宋熙宁七年（1074 年）生于福建崇安（今福建武夷山市），南宋绍兴八年（1138 年）病逝于湖南衡山自己所创立的文定书堂，享年六十五岁，谥号“文定”。胡安国是两宋著名的理学家和早期湖湘学派的代表人物，更是湖湘学派的创始人、湖湘文化的奠基者。关于师承，胡安国自述“吾自从伊川书得之”，认为自身学问主要是读程颐的遗书之后自己领悟出来的，以二程的私淑弟子自居，同时也与程门高徒游酢、谢良佐、杨时等人交往甚密。作为宋代二程理学传承中的重要人物，胡安国对二程推崇备至，在他们的基础上形成了“康济时艰”的重要思想。

《宋史·儒林传》称“安国强学力行，以圣人为标的，志于康济时艰”①。胡安国身处宋金冲突的动荡时期，对中原沦

① [元] 脱脱：《宋史》卷 435《儒林传》，清乾隆四年武英殿校刻本，第 20643 页。

陷、生灵涂炭的惨况深感悲痛，他倡导“康济时艰”，就是想要关注当时的政治局势与现实状况，为朝廷寻求治国安民之良策。胡安国关注到了《春秋》这一重要儒家经典，以《春秋》映照现实，并形成诠释《春秋》的心性之学。胡安国推崇二程，潜心研究《春秋》。“正心”与“体元”是胡安国心性之学的重要特征，胡安国将“三纲五常”与“天理”画等号，将“心”解释为“元”，事实上就是把“心”当成天、地和人生的主宰与起源；至于“体元”，就是体认“天理”这一宇宙和道德之元。胡安国对“心”性的重视已呈现出与程朱重“理”学风的不同，更为重要的是，胡安国强调“空言独能载其理，行事然后见其用”[①]，从而构成早期湖湘学派经世致用的学风。

胡安国由“体元”进而强调“谓一为元”，指出人君“即位之一年必称元年者，明人君之用也”[②]，从而使统治者明白“体元”以及“祖述尧舜”“宪章文武”之道恰恰是自己的天赋使命。正是怀着这样的思想，胡安国研治《春秋》这一

① [宋]胡安国：《春秋传》卷首，岳麓书社2011年版，第1页。

② [宋]胡安国：《春秋传》卷1，岳麓书社2011年版，第11页。

“经世大典”以凸显其“辟邪说，正人心”的现实功用。胡安国于北宋宣和五年（1123 年）始撰《春秋传》，有感于时事纷扰，往往借《春秋》寓意，不拘于章句训诂，而着力阐发“天理人欲之辨”“华夏夷狄之异”“君王臣子之论”。《胡氏春秋传》成为宋代理学家以义理研治《春秋》的代表作，更饱含强烈的现实观照。南宋绍兴元年（1131 年）十二月，胡安国担任中书舍人兼侍讲，上呈朝廷《时政论》十二篇，从统治者的个人修养一直说到治理国家的各种具体举措，试图以此来为统治者提供“经世济民”的具体指导。宋高宗称誉《胡氏春秋传》为“著一王之大法”，并御认其“深得圣人之旨”[①]。可以说，《胡氏春秋传》实现了义理旨趣（内圣）与经世致用（外王）的结合，要义即在“康济时艰”。胡氏所秉“康济时艰”的思想，正是心性之学与经世致用相结合的湖湘学派学风的先声。

胡宏，福建崇安（今福建武夷山市）人，字任仲，人称“五峰先生”，生于北宋崇宁元年（1102 年），卒于南宋绍兴三十一年（1161 年），其现存的著作主要有《知言》《皇王大

① [元] 脱脱：《宋史》卷 435《儒林传》，清乾隆四年武英殿校刻本，第 20642 页。

纪》等。胡宏是胡安国的季子，自幼饱读经史。关于师承，胡安国、胡宏父子都是二程洛学的传人，胡宏曾受教于程门大弟子谢良佐、杨时，从而与程颢、程颐有了学术脉络关系。胡宏也将自己看作二程的私淑弟子。① 胡宏的理学思想对宋代理学的形成和发展具有承上启下的作用，他在其父胡安国“康济时艰”思想的基础上提出了“明体致用”思想。

和父亲胡安国相比，胡宏在心性之学与经世致用如何实现更好的紧密联系的问题上有了进一步体悟，具体反映在其对心性之学的进一步深化和“内圣外王”之道完全意义上的契合中。胡安国致力于《春秋》大经的研治，希望以此彰述为政之本、显明治国之道。对胡安国来说，为学与为治是内在统一、不可分割的，其体用思想主要落脚于儒家“外王”的领域，直接表现为实践论意义上的通达明道之“学”与经世济民之“治”的一体不二，也就是“明体”与“致用”之间的有机统一。胡宏则进一步完善这一思想，提倡“明体致用”，并强调“合体与用，斯为道矣”②。也就是说，儒家的

① 朱汉民:《胡宏道学体用论的双重意义》,《求索》2022 年第 3 期。
② [宋]胡宏著，吴仁华点校:《胡宏集》，中华书局 1987 年版，第 10 页。

“道”必是有体有用、体用连贯的，体和用不可或缺、不可分割，亦不可偏执于某一端。[①] 用胡宏自己的话来说便是“体用合一，未尝偏也”[②]。这一思想落实到心性论上，则是“性体心用，心性一元”的心性关系论与“仁体义用，仁义一如”的仁义关系论两个方面；落实到工夫论上，则是既主张先知后行，强调“致知”的逻辑优先性，同时又很注重“即用”以求体，强调实行践履的现实优先性。这样一种以“致知”为先导、以“力行”为重点的工夫论主张即贯穿着“体用合一”的思想。[③] 正是基于这一认识，胡宏将“体用合一”这一基本原则当作教育的目的，贯彻到自己此后的教育实践之中去，并提出“学者，所以学为治也”的教育主张，同时表明自身对当时学人以生产生活为“俗事”的说法和做法的批评态度。[④] 应该说，胡宏“明体致用”思想中所蕴含的经世特征

---

① 邹啸宇：《湖湘学派体用论思想研究》，武汉大学博士学位论文，2015 年度，第 129 页。

② [宋] 胡宏著，吴仁华点校：《胡宏集》，中华书局 1987 年版，第 122 页。

③ 邹啸宇：《湖湘学派体用论思想研究》，武汉大学博士学位论文，2015 年度，第 152 页。

④ [宋] 胡宏著，吴仁华点校：《胡宏集》，中华书局 1987 年版，第 146 页。

较胡安国更加突出。

生于北宋末期的胡宏感受到靖康之变、建炎之乱带来的动荡不安。抗金爱国思想、经世务实学风成为胡氏父子共同的秉承，而尤为胡宏所推崇。胡宏以“明体致用”作为毕生追求，矢志于道，更以振兴道学为己任，自述“道学衰微，风教大颓，吾徒当以死自担”[①]。胡宏明确提出兴办书院之目的在于“今将寻绎五典之精微，决绝三乘之流遁。穷理既资于讲习，辅仁式藉于友朋”，期望通过讲学使“伊洛之业可振于无穷，洙泗之风一回于万古”[②]。如何抗金复仇、如何安邦治国是胡宏始终关注的问题。他与其兄胡寅于南宋绍兴年间分别上书宋高宗，为之谋划献策。胡氏父子是坚定的主战派，胡安国曾建议朝廷“当必志于收复中原，祗奉陵寝；必志于扫平仇敌，迎复两宫”[③]，力驳故相朱胜非丧地求和的提议；胡宏坚决拒绝投降派秦桧的召用，宁愿隐居衡山，过着

① [清]黄宗羲著，沈善洪主编：《黄宗羲全集》第4册，浙江古籍出版社2005年版，第688页。

② [宋]胡宏著，吴仁华点校：《胡宏集》，中华书局1987年版，第210页。

③ [元]脱脱：《宋史》卷435《儒林传》，清乾隆四年武英殿校刻本，第20638页。

清贫的生活。“康济时艰”“明体致用”思想中蕴含的崇尚气节的经世学风，直接影响了胡氏父子及其后学。

二、张栻对“康济时艰”“明体致用”思想的阐扬

张栻，汉州锦竹（今四川绵竹）人，字敬夫，又字乐斋，号南轩，生于南宋绍兴三年（1133 年），卒于南宋淳熙七年（1180 年），主要著作有《南轩先生论语解》《南轩先生孟子说》《南轩先生文集》[1] 等。其父张浚为抗金名将，在宋高宗、宋孝宗两朝供职，官至丞相。南宋绍兴三十一年（1161 年），张栻禀父命，从学胡宏于文定书堂，得二程之学。他学识超群，为胡宏所赏识，遂为胡宏高足。此后，张栻又同朱熹、吕祖谦、陈傅良、陆子寿等著名学者有密切的学术交往，互有影响。张栻之学得之胡宏又不拘囿于胡宏，又对周敦颐、二程之学有着“自得于心”之说[2]，成为与朱熹、吕祖谦齐名的“东南三贤”。胡氏父子“康济时艰”“明体致用”的思想

①《南轩先生文集》共 44 卷，由朱熹编定并作序，又称《南轩集》。
② 杨慎初、朱汉民、邓洪波：《岳麓书院史略》，岳麓书社 1986 年版，第 32—33 页。

也得到张栻及其后学的继承与发扬。

《宋史·道学传序》称："张栻之学，亦出程氏，既见朱熹，相与博约，又大进焉。"[①] 同时，《宋史》把他同周、程、朱等人并列入《道学传》，可见他在理学史上的地位。在心性论上，张栻围绕胡宏"性体心用，心性一元"的主张，进一步提出"心主性情"论，指出"心也者，万事之宗也"[②]"仁，人心也，率性立命，知天下而宰万物者也"[③]，强调"心也者，贯万事，统万理，而为万物之主宰者也"[④]。张栻的"心"不但能主宰性情，而且能认知一切事物，同时还能主宰万物，参天地之化育。在工夫论上，张栻强调"知行互发"，他认为每个人的知与行都是一个不断深化、发展的过程，在这个过程中，知与行是相互影响、相互促进的。有鉴于社稷危亡，

① [元]脱脱：《宋史》卷427《道学传》，清乾隆四年武英殿校刻本，第20252页。
② 朱杰人、严佐之、刘永翔主编：《朱子全书外编》第4册，华东师范大学出版社2010年版，第158页。
③ 朱杰人、严佐之、刘永翔主编：《朱子全书外编》第4册，华东师范大学出版社2010年版，第173页。
④ 朱杰人、严佐之、刘永翔主编：《朱子全书外编》第4册，华东师范大学出版社2010年版，第202页。

张栻肩担君命，誓诛敌寇，他思考并探索救国之路，故而提倡力行、强调践履，曾言“圣门实学，贵于践履，隐微之际，无非真实”[①]。这对湖湘后学经世致用思想及其活动提供了直接的理论来源和根据。对此，黄宗羲给出了相当高的评价：“南轩之学，得之五峰，论其所造大要，比五峰更纯粹，盖由其见处高，践履又实也。”[②]主教岳麓，授徒讲学则是张栻重要的学术实践与贡献。

南宋岳麓书院已居于“潭州三学”之首，胡宏曾经上书秦桧，提出兴复岳麓书院，并自求为山长，终为不许。[③]胡宏逝世后，张栻不断修筑长沙城南书院，传胡氏学说，从学者甚多。理学在南宋乾道年间得以复兴，在此期间，张栻主教岳麓书院长达7年，从学者千人，岳麓书院遂成为湖湘学派的中心，进而成为南宋初声闻天下的理学重地。南宋时期，岳麓书院是湖湘学派的基地，岳麓书院的发展与湖湘学的发

① [宋]张栻著，杨世文、王蓉贵校点：《张栻全集》，长春出版社1999年版，第117页。

② [清]黄宗羲著，沈善洪主编：《黄宗羲全集》第4册，浙江古籍出版社1992年版，第981页。

③ 胡宏撰，王立新校点：《胡宏著作两种》，岳麓书社2008年版，第104—105页。

展是紧密联系在一起的，岳麓书院能有南宋之兴盛，恰恰在于湖湘学的兴盛。[①] 此时岳麓书院在规模和影响上大大超过此前胡氏父子创建的碧泉书院。这样，源自衡山的湖湘学派的重心也就转移到了长沙，岳麓书院成为湖湘学派的中心点。[②]南宋绍熙年间流传着“道林三百众，书院一千徒”的谚语，可谓盛极一时。正如侯外庐等主编的《宋明理学史》所述：“张栻主岳麓书院教事，从学者众，因而奠定了湖湘学派的规模。”[③]

张栻将岳麓书院作为教育基地，使湖湘学派的规模得到了更大扩展。南宋乾道、淳熙年间，在长沙岳麓书院、城南书院从游张栻的学者甚众，湖湘学成为与朱熹“闽学”、吕祖谦“婺学”、二陆“江西学”并列的重要学派之一。[④] 全祖望所补辑的《宋元学案》专门收录了《岳麓诸儒学案》和《二

① 王观：《岳麓书院》，吉林文史出版社2009年版，第68—69页。
② 杨慎初、朱汉民、邓洪波：《岳麓书院史略》，岳麓书社1986年版，第33页。
③ 侯外庐、邱汉生、张岂之主编：《宋明理学史》上卷，人民出版社1984年版，第338页。
④ 朱汉民、邓洪波：《岳麓书院史》，湖南人民出版社2017年版，第76页。

江诸儒学案》，介绍张栻的弟子达40多人，这批弟子得张栻所授“岳麓之教”，统称为“岳麓诸儒”。全祖望特别提出彭龟年、吴猎、游九言、游九功、胡大时等湖湘弟子的成就，称他们为“岳麓巨子”。张栻继承和发展胡安国、胡宏“康济时艰”“明体致用”的思想，特别体现在经世致用层面。正如张栻在《岳麓书院记》中所述：“侯之为是举也，岂特使子群居佚谈，但为决科利禄计乎？亦岂使子习为言语文辞之工而已乎？盖欲成就人才，以传道而济斯民也。”[①]张栻及其后学始终重视传道济民这一“经济之学”，在金军南下之时，湖湘学派都坚决主张抗金，坚拒议和，张栻更以力主抗金闻名于世、见于史册，朱熹在《张公神道碑》中称赞他“慨然以奋伐仇虏克复神州为己任”。张栻后学更涌现出一批优秀的抗金名将和爱国英雄。

三、朱熹对早期湖湘学派的影响与相互成就

朱熹，徽州婺源（今江西婺源）人，字元晦，又字仲晦，

---

① [清]纪昀等编著：《文渊阁四库全书》第1167册，上海古籍出版社1987年版，第506页。

号晦庵，晚称晦翁。生于南宋建炎四年（1130年），卒于南宋庆元六年（1200年），主要著作有《四书章句集注》《太极图说解》《周易本义》等，后人辑有《朱子大全》《朱子集语象》。朱熹是二程的三传弟子李侗的学生，其思想以二程的理本论为基础，同时吸取周敦颐的太极说、张载的气本论以及佛教、道教的思想而形成，进一步发扬了“理”的概念范畴，倡导“主敬穷理”“格物致知”，开创“闽学”，后人尊称为“朱子”。作为宋代理学的集大成者，朱熹于南宋乾道九年（1173年）撰成《伊洛渊源录》，书中阐释了宋代理学的内在发展轨迹与学术谱系。《伊洛渊源录》尊奉周敦颐为理学正宗，书中载：“伊川先生作明道先生行状曰：‘先生自十五六时，闻汝南周茂叔论道，便厌科举之业，慨然有求道之志。’河间刘立之叙述明道先生事曰：‘先生从汝南周敦颐问学，穷性命之理，率性防道，体道成德，出入孔孟，从容不勉。’”[①]朱熹认为二程之学，出自濂溪，“周子以主静立人极，明道易之以主敬，伊川又益之以致知，其学实一脉相承”[②]，可

① 王云五主编：《丛书集成初编》第3340册，商务印书馆1936年版，第3页。
② 吕思勉：《理学纲要》，上海书店1988年版，第27页。

见朱熹视周敦颐为宋学开山之祖，二程则是其后宋学传承儒家道统的核心人物，是接继孟子道统的“圣人”，居于宋代道学体系中的核心地位。从周敦颐、二程继而到邵雍、张载等人，《伊洛渊源录》完成了宋代的理学建构，“至其哲学思想，则未有出于周、张、二程之外者”[①]，亦反映出朱熹的思想继承脉络。

当时与朱熹往来交游的大儒，包括张栻、吕祖谦，以及之后的陆九渊、陆九龄兄弟以及陈亮、叶适等人，他们之间发生了意义重大而影响深远的朱张之辩、朱陆之辩以及朱陈之辩，在理论争鸣中朱熹的思想体系得到进一步完善和补充。“朱张会讲”前后的朱张之辩背后是朱子与湖湘学者的理论交锋，而这种交锋同时又影响着彼此。

伴随着湖湘学派和岳麓书院的交融与一体化，湖湘学派在规模、成就、影响力上都有了显著的扩大，逐步发展到全盛时期。南宋乾道三年（1167年）张栻主讲岳麓时，朱熹从福建来岳麓书院访学，与张栻在学术上相互辩难，“朱张会讲”成为岳麓书院历史上的一段佳话。这次会讲不仅对岳麓

① 吕思勉：《理学纲要》，上海书店1988年版，第94页。

书院的历史进程产生了深远影响，而且对朱熹、张栻学术思想的发展完善也有着重要的意义。这次会讲是朱子闽学和湖湘学这两大派“道南之脉”的思想交锋和学术论战，吸引了诸多远道而来的湖湘子弟，“学徒千余，舆马之众至引池水立竭，一时有潇湘洙泗之目焉”[①]，可见影响之大。“朱张会讲”对这两个学派的思想发展起到了积极的推动作用。会讲涉及“《中庸》之义”“太极”“知行”等重大问题，朱熹、张栻围绕上述问题展开了深入讨论，取得了很多共识，彼此都感到很有收获。[②]特别是在知行问题上，朱熹后来回忆时感慨：“旧在湖南理会乾坤。乾是先知，坤是践履；上是知至，下是终之。故不思今只理会个知，未审到何年何月方理会终之也。是时觉得无安居处，常恁地忙。”[③]有关知行问题，朱熹特别强调“论先后，知先行后；论轻重，知轻行重”的知行合一、知

① [明]吴道行、[清]赵宁等修纂，邓洪波、杨代春等校点：《岳麓书院志》，岳麓书社2012年版，第225页。
② 肖永明：《事实与建构：“朱张会讲”叙述方式的演变》，《湖南大学学报（社会科学版）》2018年第1期。
③ [宋]朱熹撰，朱人杰等主编：《朱子全书》第17册，上海古籍出版社、安徽教育出版社2002年版，第3435页。

先行重的观点，也是受“朱张会讲”的影响。“朱张会讲”开启了不同学派在同一书院讲学的先河，后人载“昔晦庵、南轩讲学于岳麓、城南两书院间，士人振振向往以千数。时称潭州为邹鲁”[①]。这种开放包容的教育组织的特点，形成了岳麓书院不限派别、自由讲学的特色。湖湘学派最终形成的“兼收并蓄”的特征，也与此息息相关。

从学术师承和人生经历看，朱熹和张栻有着共同的学术渊源和许多相同的经历，这就为他们的学术交游奠定了背景基础。从学术师承看，他们都是二程的“道南正脉”[②]，两脉分别形成朱子学派和湖湘学派。在同出一源的同时，在传承的过程中又相互融会，胡宏曾师事杨时和程门另一弟子侯师圣；朱熹既有得于谢良佐，又通过胡宪而成为胡安国的再传

① [清]陈宏谋、范咸纂修：《湖南通志》卷68，光绪年版，第19页。

② 真德秀说：“二程之学，龟山（杨时）得之而南传之豫章罗氏（罗从彦），罗氏传之延平李氏（李侗），李氏传之考亭朱氏（朱熹），此一派也；上蔡（谢良佐）传之武夷胡氏（胡安国），胡氏传其子五峰（胡宏），五峰传之南轩张氏（张栻），此又一派也。”详见[清]纪昀等编著：《文渊阁四库全书》第706册，上海古籍出版社1987年版，第106页。

弟子。[①] 从人生和思想经历看，朱熹、张栻都曾在地方担任官职，政治上两人皆反对议和、主张抗金。朱、张之学也有着很多共同点与互通之处：在本体论层面，尽管朱熹侧重“天下一理”，张栻侧重“心宰万物”，但都是以精神性的实体作为宇宙的本体，皆不同于张载“气”本论的思想主张；在认识论层面，朱熹和张栻都主张知先行后，强调践履的必要性；在理欲观层面，朱熹和张栻都表现出重义轻利、贵理贱欲的思想特征，力主性命道德之学。

在“朱张会讲”以及前前后后的朱张论辩中，湖湘学派实现了从“胡张”到“朱张”的转变。早期湖湘学派“胡张”传统成型于张栻，张栻在继承和发扬胡安国、胡宏父子“康济时艰”“明体致用”思想的基础上，又吸收了浙学陈傅良“事功学派”的部分主张，最终形成性理与事功兼备的湖湘学“胡张”传统。伴随着张栻与朱熹交游的深入，湖湘学派与朱子“闽学”相互影响、互相取经，逐步形成湖湘学派的“朱张”传统。南宋绍熙五年（1194 年），朱熹担任湖南安抚使，对岳麓书院的教学进行了整顿，将《白鹿洞书院揭

① 陈代湘：《朱熹与张栻的学术交往及相互影响》，《东南学术》2008 年第 6 期。

示》(也称《朱子书院教条》)颁于书院，让学生明确“义理”，指明修身、处事、接物之要，规范和约束书院师生的言行举止，这使得岳麓书院第一次有了正式的学规，同时对岳麓书院的教学、学风产生了重大影响。南宋嘉定十五年(1222年)，朱子后学的重要代表人物真德秀担任湖南安抚使，对于岳麓书院以及湖湘学派有了进一步的推动，特别是对学派“朱张”传统的确立，起到了重大作用。[①] 真德秀认为“惟时湖湘渊源最正”，因为前有周敦颐，继有胡安国、胡宏父子，又有张栻、朱熹讲学于此，“讲明论著，斯道益以光”[②]。真德秀对湖湘渊源的叙述，特别强调张栻与朱熹的突出影响。此外，张栻之侄张庶早年受学于张栻，同时受到朱子之学的影响，后来他曾在岳麓书院讲学，对朱、张二人大力推崇。伴随着朱子地位的抬升，湖湘学派的“朱张”传统愈发被弘扬，然而“承朱张之绪”并不意味着“弃胡张之长”，性理与事功兼备、经世致用的主张依旧是湖湘学派的

① 张天杰:《从“胡张”到“朱张”——以张栻为中心的湖湘学脉检视》,《地域文化研究》2023年第2期。

② [宋]真德秀:《西山先生真文忠公文集》卷49，商务印书馆1937年版，第909页。

鲜明特征。

要言之，湖湘学派的特色主要为：第一，以心性为本体的哲学思想；第二，重践履的经世务实学风；第三，汇聚融合众家学术之长。胡安国的“康济时艰”思想包含着“正心”“体元”的心性之学，以及“空言独能载其理，行事然后见其功”的经世致用之特征。胡宏在此基础上提倡“明体致用”，形成自身“心性一元”“仁义一如”的心性论，以及“体用合一”的践履思想。张栻继承发扬了胡氏父子的思想，在心性论上，进一步提出“心主性情”论，强调“心”为万物的主宰；在工夫论上，融合“康济时艰”“明体致用”思想，提倡“经世济民”。朱熹也影响着早期湖湘学派，使得湖湘学派“朱张”传统逐步形成确立，然而“经世致用”依旧是早期湖湘学派的鲜明特征。虽然张栻后学“岳麓诸儒”对于理学的抽象本体、心性修养等问题关注不够，因而对胡氏父子、张栻等人的理学理论没有太大发展，但其始终崇尚气节，时刻以“经世济民”为己任。他们大多投身于现实的社会政治活动和抗金的爱国战争中，并在斗争中表现出了杰出的才能，做出了辉煌的成就。[①]自此，崇尚气节的经世学风，作为湖湘子弟的精神底色，成为湖湘学派的重要特征。

① 杨慎初、朱汉民、邓洪波：《岳麓书院史略》，岳麓书社1986年版，第53页。

第三节
王夫之对经世实学学风的发扬光大

湖湘学派发轫于胡安国、胡宏父子，经张栻及其后学得以彰明。明清之际，以顾炎武、黄宗羲、王夫之为代表的杰出思想家，力倡经世致用，把批判的锋芒直指传统专制制度和唯心主义理学。王夫之认真思考导致明清鼎革、天下陆沉的原因，对二程及王学末流不重实际、空谈误国的弊端进行了深刻反思。王夫之阐述《春秋》，以史为鉴、求治之资，同时对湖湘学派“体用一致”的经世致用思想进行了进一步继承和发展，完成了对经世实学学风的发扬光大，以及对湖湘学脉的思想承接，最终使古代湖湘学派实现了向近代湖湘学派的转型过渡。

一、再叙《春秋》：王夫之的《春秋》家学

王夫之（1619—1692 年），湖南衡阳人，字而农，号姜斋，别号一壶道人，人称“船山先生”，与顾炎武、黄宗羲并称明末清初三大思想家。他自幼颖悟过人，十四岁即考中秀才。明崇祯十一年（1638 年），王夫之升入岳麓书院，师从山长吴道行。求学期间，吴道行传授湖湘之学，主张朱张之道，较大地影响了王夫之的思想，在其思想上打下了深深的经世济民的烙印。明崇祯十五年（1642 年），王夫之参加乡试，与其兄王介之同时中举。明崇祯十七年（1644 年），李自成率领的农民起义军占领北京，崇祯帝殉难，明王朝覆灭，不久清兵入关，长驱中原。清顺治五年（1648 年），王夫之在衡阳举兵抗清，战败退至广州肇庆，任职南明桂王朝廷，后因不满王化澄贪赃枉法，愤然离去，辗转湘西及郴、永、涟、邵间。南明政权灭亡后，他归隐山林，在家乡衡阳石船山下筑草堂而居，发愤著作，誓为中华民族留下精神火种，撰写了许多重要的学术著作，后病逝于清康熙三十一年（1692 年）。王夫之一生著书颇丰，包括《周易稗疏》《考异》《尚书稗疏》《诗稗疏》《春秋稗疏》等著作。

王夫之关注《春秋》有着深厚的家学渊源。王夫之的父亲王朝聘对胡安国的《春秋传》很有研究，曾言“三传之折衷，得文定而明；河南之举要，得文定而详，习其读者之所知也”[①]。文定即指胡安国。正是受到胡安国《春秋传》中华夷之辨、尊王攘夷思想的影响，在明朝灭亡、清军入关之际，王朝聘临终之前对王夫之兄弟说：“南岳莲花峰之麓，幽迥远人间，必葬我于此，勿载遗形过城市，与腥膻相涉。”[②]表示与清廷势不两立。王夫之其后多次反清，永不出仕，应受此影响甚深。王夫之少时在父亲指导下学习《春秋》，明崇祯十五年（1642 年），王夫之考中举人，即以《春秋》中试第五名经魁。明亡之后，王朝聘指示王夫之编撰《春秋家说》。他遵照父亲的要求潜心研治，撰写的有关《春秋》的著作就有四种：《春秋稗疏》《春秋家说》《春秋世论》《续春秋左氏传博议》。

湖湘学派创始人、湖湘文化奠基者胡安国推崇《春

① [清]王夫之撰，《船山全书》编辑委员会编校：《船山全书》第 5 册，岳麓书社 1988 年版，第 105 页。

② [清]王夫之撰，《船山全书》编辑委员会编校：《船山全书》第 15 册，岳麓书社 1996 年版，第 113 页。

秋》，他通过诠释《春秋》的心性之学着力阐发“天理人欲之辨”“华夏夷狄之异”“君王臣子之论”，以申明经世致用的湖湘学派特征。王夫之在继承《胡氏春秋传》反映的湖湘学派民族主义特征、经世实学特征的基础上，在理论上又有很大的发展。王夫之特别强调其中之“变”与“异”：一是华夏与夷狄的界限不是绝对的、固定不变的。夷狄进化到华夏文明的条件，是“衣食足而后礼义兴”[①]，一旦不重视经济发展和精神体系，华夏也有可能返回到原始的蛮夷状态。二是尽忠君主与维护民族利益有着本质的不同，需要强调高于“一人之正义”和“一时之正义”的“天下古今之通义”。所谓“一人之正义”，就是作为臣子效忠于某一位皇帝，为其尽忠死节，但是这个皇帝有可能只算是割据一方的豪杰；所谓“一时之正义”，即有的皇帝可能是一个朝代的君主，但是如果他不坚持民族气节，而是选择投降卖国，这时效忠于他，就只能算是“一时之正义”。在王夫之看来，只有坚持

① ［清］王夫之撰，《船山全书》编辑委员会编校：《船山全书》第3册，岳麓书社1988年版，第491页。

夷夏之辨、坚持气节，方为古今之通义。[①] 王夫之终身不肯出仕清朝，展现出强烈的气节以及更加浓厚的经世实学色彩。

二、王夫之对“体用一致”的经世致用思想的传扬

王夫之学问渊博，是对天文、地理、算数、历法等都有研究，尤精于经学、史学、文学、哲学，在哲学上总结和发展了传统中国的唯物主义观念。在理气关系上，王夫之认为“尽天地之间，无不是气，即无不是理也”[②]，强调“天下惟器而已矣”“无其器则无其道”[③]。在心性论上，将“仁义”看作“心之实”，将知觉看作“心之几”，而“心之实”也就是“心之本”[④]。在知行关系上，王夫之强调行是知的基础，反对

---

① [清]王夫之撰，《船山全书》编辑委员会编校：《船山全书》第10册，岳麓书社1996年版，第525页。

② [清]王夫之撰，《船山全书》编辑委员会编校：《船山全书》第6册，岳麓书社1991年版，第1067页。

③ 谷继明：《王船山〈周易外传〉笺疏》，上海人民出版社2016年版，第229页。

④ [清]王夫之撰，《船山全书》编辑委员会编校：《船山全书》第6册，岳麓书社1991年版，第895页。

陆王心学“以知为行”以及佛学“知有是事便休”的观点。由知行问题进一步延伸到经世主张，王夫之经世实学思想成为湖湘文化中实学思潮发展的高峰。

王夫之对早期湖湘学派“体用一致”的经世致用思想的传承，主要反映在心性论和工夫论上。在心性论上，王夫之在胡氏父子“心性一元”、张栻“心主性情”论的基础上，将湖湘学派以心性为本体的哲学思想进一步阐明：“学者切须认得‘心’字，勿被他伶俐精明的物事占据了，却忘其所含之实。邪说之生于其心，与君心之非而待格谓之心者，乃‘名从主人’之义。以彼本心既失，而但以变动无恒，见役于小体而效灵者为心也。若夫言‘存’、言‘养’，言‘求’，言‘尽’，则皆赫然有仁义在其中，故抑直显之曰‘仁，人心也’。而性为心之所统，心为性之所生，则心与性直不得分为二，故孟子言心与言性善无别。‘尽其心者知其性’，唯一故也。”[①]

王夫之认识论中表述“心”这一概念，既是指人先天具备的一种能动的功能，又指通过这一能动性从而反过来认识

① ［清］王夫之撰，《船山全书》编辑委员会编校：《船山全书》第 6 册，岳麓书社 1991 年版，第 895—896 页。

人性自身的特征以及诸事物的规则，因而是先天的认识能力与后天发展的认识能力的有机结合。[①] 通过发挥人心的能动性，就能够使人成就自我德业。同时，王夫之没有过分地强调人的“心之实”（即“心之本”，心的本体）的一面，而将重心放在“心之几”（即知觉）的一面，他高度肯定了人是在真实的生活环境里，每天与外部世界及各种事物打交道，从而使得人性不断丰富、发展、进步。由此进一步引述“天生良知”与“见闻之知”的差异，王夫之一方面肯定人固有的良能，另一方面更强调外在信息，即获取来自外界的事物信息，而非人心中本来有的内容。

在工夫论上，王夫之在胡氏父子“康济时艰”“明体致用”、张栻“经世济民”思想的基础上，提出了“知行相资以为用”“并进而有功”的辩证的知行观。他不仅将“行”规定为“知”的目的，而且将“知”的最高境界归结为“实践”“践行”。王夫之说：“知之尽，则实践之而已。实践之，

① 吴根友：《再论王夫之的“知行”观》，《学术月刊》2015 年第 3 期。

乃心所素知，行焉皆顺，故乐莫大焉。”[①] 此处所说的“实践”主要还是指道德践履，但王夫之在历史与政治视野里所阐发的“君相造命”“一介之士，莫不造命”，以及“竭天成能”[②]，不与乱世同流合污的思想，就已经超越了个人道德修为这一层次与范畴，进而与认识事物、改造自然、改良社会的广泛实践活动联系起来。王夫之在强调人的认识与实践能力时，也已经“眼光向下”，不再局限在少数圣贤身上，同时关注普通人，倡导平常之人也应有“相天造命”的能动性，表现出应用范围的延展与扩大。可以说，王夫之传承了早期湖湘学派“体用一致”的经世致用思想，并把着眼点从虚无的“天理”转向人间的具体实践，从观念世界转到客观世界，从个人修养转移到社会改造，从少数圣贤转移到普罗大众，在此基础上形成了自身“知行统一”的经世实学思想。

① [清]王夫之撰，《船山全书》编辑委员会编校：《船山全书》第12册，岳麓书社1996年版，第199页。
② [清]王夫之撰，《船山全书》编辑委员会编校：《船山全书》第10册，岳麓书社1996年版，第936页。

三、王夫之对“知行统一”的经世实学思想的阐发

王夫之经世致用的思想体系，是以“知行统一”论为基础的。王夫之所说的“知”，包括两方面含义：一方面，是指人们的主观认识能力；另一方面，是指认识的结果，包括对外在事物本身的认识与了解。王夫之所讲的“行”，指的是人的主观见之于客观的行动，它包括履、实践、为、习等在内。[①]他反复强调“知行统一”，既反对朱熹提出的“知先行后”，也与王阳明的“知行合一”不同。王夫之主张“知”“行”是相依的，但是“知”与“行”并非并列关系，“行”是主导的方面:“知”有待于“行”，“知”必须从“行”中来，更必须以“行”为基础；而“行”又有赖于“知”的指导。简言之，“知”的目的在于“行”，故而“知之尽，则实践之而已”[②]。他又进一步讲到“知而后行之，行之为贵，而

① 王兴国:《从湖湘学派到王船山》,《湖南社会科学》2017 年第 2 期。

② ［清］王夫之撰,《船山全书》编辑委员会编校:《船山全书》第 12 册，岳麓书社 1996 年版，第 199 页。

非但知也”[①]，学人探求知识，不是为认识而认识，而是为了更好地“行”。王夫之讲的“行为贵”，本身就包含着实践是知的目的之意。他承认人有天资禀赋的差别，认为所有的人都要通过力学以求知，圣人也不例外。而经过人的主观努力和实践锻炼，天资的好坏是可以变化的，人的耳目心官都在视听思维的实践中不断得到锻炼与发展。王夫之认为：“此圣人所以倦倦于学知之人，而欲其探本原以会通乎众理也。夫能学之而能知之，又能推类以知之，其识量亦不小矣。”[②]现实的“知行”过程恰恰是认识与实践相互交织、共同作用的过程。

由此，王夫之认为：“行可兼知，而知不可兼行。”[③]在这里，他认为在“知”“行”关系中“行”是主导的，“知”是从属的；“行”是绝对的，“知”是相对的；在“知”“行”统一中，“行”是二者统一的基础。在此基础上，王夫之进一步强调：“凡知者或未能行，而行者则无不知。且知行二义

① [清]王夫之撰，《船山全书》编辑委员会编校：《船山全书》第1册，岳麓书社1988年版，第824页。
② [清]王夫之：《四书训义》卷7《论语》，清光绪十三年刻本，第702页。
③ [清]王夫之：《尚书引义》卷3，清道光二十二年刻本，第142页。

有时相为对待，有时不相为对待。如‘明明德’者，行之极也，而其功以格物致知为先焉。是故知有不统行，而行必统知也。”[①] 应该说，王夫之正是靠着这种“以实践为基础的认识论”，为他的经世实学思想奠定了唯物主义认识论的基础，故而显得尤为可贵。他虽然没有像胡宏那样从体用的角度去论证经世致用的必要性，但不论是胡宏所说的“体”还是王夫之所说的“知”，所指内容都是认识的结果。他们都认为，既然从经典或实际中获得了对事物的规律性认识，就必须付诸实践和实行，从而实现了这一经世实学思想的承续。

清顺治十一年（1654 年），王夫之为躲避清军追捕，辗转流徙于零陵、常宁一带山林，愤然写下“六经责我开生面，七尺从天乞活埋”的诗句，其强烈的学术抱负与爱国情感溢于言表。王夫之晚年自题墓志铭有言：“抱刘越石之孤愤而命无从致，希张横渠之正学而力不能企。”[②] 这鲜明地表达了他的爱国与政治情怀和学术渊源与归属的认定。王夫之的学

---

① [清]王夫之撰，《船山全书》编辑委员会编校：《船山全书》第 6 册，岳麓书社 1998 年版，第 815 页。

② [清]王夫之撰，《船山全书》编辑委员会编校：《船山全书》第 16 册，岳麓书社 1996 年版，第 4 页。

术成就得到后世的高度肯定，正如熊十力所言："船山易内外传，宗主横渠，而和会于濂溪、伊川、朱子之间，独不满于邵氏。"[①]从胡安国、胡宏父子到张栻，再到张栻后学吴猎等人，再经由吴道行至王夫之，湖湘学派的经世致用思想传承脉络未曾中断，更可谓相当明晰。

在思想内容层面，纵观王夫之的著作，可以看出他非常了解胡安国、胡宏、胡寅、张栻、吴猎等湖湘学派学者的思想，对湖湘学派给予了高度评价，其本人也由此实现了对湖湘学派经世实学思想的继承与发扬。无论是在理欲观、人性论，还是在知行观上都有了进一步推进，实现了"对湖湘学派天理人欲思想的继承"、"对湖湘学派人性学说的发扬"以及"对湖湘学派知行关系的推进"[②]。王夫之求学岳麓书院期间，就与岳麓学子成立"行社"，这个社团直接以"行"命名，显然深受重践履的湖湘学风的影响。他对中国传统知行学说的总结和反思，正是继承了湖湘学派重践履、重力行的

① 郭其勇编：《熊十力学术文化随笔》，中国青年出版社 1999 年版，第 209 页。
② 方红姣、孙国洋：《论王船山对湖湘学派的思想承接》，《船山学刊》2020 年第 3 期。

传统并将其发展到了一个新的理论高度，同时更加强调求实以经邦济世的观点。在谈到经世的方法时，王夫之比较重视以史学经世，在历史的治乱之中，王夫之主张发现历史发展的规律，认为史书的作用便是“资治”，“资治”不是简单地知晓历史上的治和乱，而是要资取，要善于从历史的治和乱中发现经验，进而治身治世。

综上所述，王夫之继承了早期湖湘学派“体用一致”的经世致用思想，同时阐发了“知行统一”的经世实学思想。早期湖湘学派经世学风中已包含强烈的爱国感情色彩，王夫之生活于明清变革之际，亲逢国亡家破的惨重灾难，这种爱国感情和意志更加强烈，见诸笔端。崇尚气节、经邦济世作为湖湘学人的传统精神，已融入湖湘学派经世实学的底色。此后，王夫之的经世实学影响了近代湖湘学派，大体包括两个方面：一是对经世实学本身所反映的湖湘学派知行观的关注，二是对经世实学所蕴含的爱国主义思想的阐发。对于前者，我们可以从陶澍、魏源等时人的思想及著作中看出来。特别是魏源，坚持“及之而后知，履之而后艰”的行先知后说，否认世界上有“不行而能知”的人；对于后者，湖湘学派经世济用中蕴含的厚重的爱国主义思想传统，可以说被王夫之发展到了极致，此后更是对近代湖湘学派产生了极其深远的影响。总结来看，王夫之承前启后，前继湖湘学派，后启近代湘学，正是湖湘学派由古代向近代转型的关键人物，实现了对湖湘学派经世实学学风的发扬光大。

第四节

魏源批判考据学开启晚清务实之风

魏源（1794—1857 年），字默深，号汉士，原名远达，字良图，晚号菩萨戒弟子魏承贯，出生于湖南邵阳，著名思想家、史学家，是晚清社会转型时期具有重要意义的人物，代表作品有《皇朝经世文编》《圣武记》《海国图志》《道光洋艘征抚记》等。魏源提倡今文经学，重视经世致用，顺应时代潮流，以经学、史学致用，以实学、西学救国，在近代的动荡与变迁之中，他忧国忧民，以天下为己任，用“师夷长技以制夷”来自救，力图以之谋求强国富民之路，彰显了其以匡时济世为己任的经世情怀。

一、魏源对考据之学的批判

清嘉庆十九年（1814年），魏源以拔贡生的身份随父进京深造，得到了许多当时在京的湘籍名人如陶澍、周系英、唐鉴等人的帮助和赏识。这对魏源学术思想的进一步发展至关重要。清道光二年（1822年），魏源中举人。清道光二十四年（1844年），魏源通过会试成为贡士。次年，魏源赐同进士出身，授江苏东台知县，正式步入仕途[①]。尽管仕途并不顺利，他在学术上的收获却非常丰厚。魏源早年治阳明心学，喜读史书，深悉汉学深奥，也曾在音韵训诂方面用心，但最终由习阳明心学而改从刘逢禄的今文经学，公开批判汉、宋之学。

魏源生活在清嘉庆、道光年间，这一时期的中国社会和学术都发生了深刻变化。这一历史变化不仅是清朝统治由盛转衰，而且是整个中国历史进程和学术风气的转折点。至鸦片战争前，清朝封建专制统治早已腐朽没落，社会危机四伏。在空前的民族危机前，作为时代的先觉者，魏源认为以往作

① 朱汉民、邓洪波：《岳麓书院史》，湖南大学出版社2017年版，第462页。

为学术主流的考证之学和因袭复古的古文经学已脱离社会现实，不能满足实际需要，迂腐空虚、无济于事，当此大转折的历史时代，迫切需要一种深刻关注社会现实、呼吁变革的学术思想出现。

魏源跌宕起伏的人生经历也是他经世致用思想发展的重要一环。魏源自拔贡生开始，直至51岁才正式入仕。几十年科举的坎坷经历，使得他进一步认清了官场的黑暗，进一步激发了他对经世致用思想的发展，为他此后经世致用思想的形成奠定了基础。同时，魏源在岳麓书院学习期间，师从袁名曜，直接感受和继承了湖湘文化中的经世致用传统。随后，他先后作为幕僚，追随贺长龄、陶澍等人，参与处理了大量的农政、刑法、河工、盐法等实际事务，对漕运、盐政、河道治理等均有切实研究，这种长期的理论与实践活动的操练，促使魏源经世致用思想的形成。魏源还受到常州学派关注现实、忧患时局的影响。常州学派反对乾嘉时期汉学脱离实际的风气，强调要依据社会现实情况而经世致用，对于晚清的治学风气具有较大的影响。同时，魏源对于程朱理学、阳明心学都有着深刻的理解。正因处于这个时期，魏源在学术交往中有一批具有“经世致用”思想和“开眼看世界”的师友，他们也将其推上了时代高峰。

魏源以经世致用的思想批判汉、宋二学是很深刻的。魏源论学以“通经致用”为宗旨，大力驳斥当时充斥朝野的考据学风和空谈性理的理学思想。他不拘古制，依据《春秋》公羊家学说，提出了“变古愈尽，便民愈甚”的主张。这一主张在当时并不为人们所接受。面对内外交困的社会现实，魏源感愤书生之无用，因此不惜对汉学加以猛烈攻击。他认识到了汉宋学派“空腐”的本质，比较客观地指出了两派的缺点：“饾饤为汉，空腐为宋。”他批评宋儒是只知“敬天法祖”，“以宴安鸿毒为培元气，以养痈贻患为守旧章，以缄默固宠为保明哲”，“鄙夫胸中除富贵而外，不知国计民生为何事”①，他还特别批评阳明心学空谈心性，“不识兵农礼乐工虞士师为何事”②。他批评汉儒只知烦琐的考据，其学问“锢天下聪明智慧，使尽出于无用之一途”③，穷年累月训诂、考据，

① [清]魏源撰，魏源全集编辑委员会编校：《魏源全集》第12册，岳麓书社2004年版，第65页。
② [清]魏源：《魏源集》上册，中华书局1976年版，第23页。
③ [清]魏源：《魏源集》上册，中华书局1976年版，第361页。

不问世事，“罔知朝章、国故为何物”，“罔知漕、盐、河、兵得失何在”[①]，这样使得“举天下人才尽出于无用之一途”[②]。他进而主张学问要“通于天道人事，志于经世匡时”，此议一倡，士人“相与指天画地，规天下之大计”[③]。针对当时烦琐、空疏的学风，魏源提出了“通经致用”思想。他认为，如果只是空谈心性，或者只是注重琐事而不问民间疾苦，不探求民富国强之策，那就是无补于实际，就是政治上的无能。经过魏源的大力倡导，晚清学人议政之风渐开，经世致用之学得到提倡，尚虚的学风开始向务实转变。

二、魏源开启晚清经世务实之风

魏源继承明末清初启蒙学者的思想传统，力倡“经世致用”之学。他认为，治学当施之以政事，然后其用始著，而致用则应以致富强为目的。魏源在《皇朝经世文编》中明确

① [清]魏源：《魏源集》上册，中华书局1976年版，第359页。

② [清]魏源：《魏源集》上册，中华书局1976年版，第163页。

③ 梁启超：《清代学术概论》，上海古籍出版社1998年版，第127页。

了改革的目的即是“经世致用”，他说：“道存乎实用，志在措正施行，何取纡途广径？既经世以表全编，则学术乃其纲领。凡高之过深微、卑之溺糟粕者，皆所勿取矣。时务莫切于当代。”[①] 可以说，魏源经世思想的提出就是针对清政府政治腐败、经济凋敝、思想落后的局面，希望解决国家所面临的深刻的社会危机，实现富国强兵。他的经世思想在他的代表作《皇朝经世文编》《圣武记》《海国图志》《道光洋艘征抚记》中有鲜明的体现。这些著作是魏源经世观念和学术实践结合发展的结果，其中，《圣武记》《海国图志》《道光洋艘征抚记》既是魏源对鸦片战争的学术反思，又是其爱国思想的真实写照。魏源入江苏布政使贺长龄幕府之后，受贺长龄委托，开始编写《皇朝经世文编》。魏源在这本书中以“存乎实用”为原则，在19世纪初已酝酿的经世思想基础上，对这一思想进行了一次集中阐发，旨在扭转当时知识分子不问政治、专事考据的学风。该书于清道光六年（1826年）编成，刊行后大受欢迎，供不应求，一印再印，风行数十年。清同治中兴重臣的左宗棠将此书视作“体用俱备，案头不可一日

① [清]魏源撰，魏源全集编辑委员会编校：《魏源全集》第14册，岳麓书社2011年版，第243页。

离也”[①]的有用之书。魏源在序言中开宗明义，道明此书的主旨：“总期文资于救时，例绝乎标榜”[②]，而“书各有旨归，通存乎实用”，此书的实用价值就在于“知民务、集群虑、研几微、究中极”[③]。魏源在这本书中大张“经世”之旗，是鸦片战争前知识界提倡经世致用风气的开篇。

《圣武记》是魏源在鸦片战争爆发、清军失败的背景下撰写的。魏源写作《圣武记》意欲“溯洄于民力物力之盛衰，人材风俗进退消息之本末”[④]，达到“人材进则军政修，人心肃则国威遒”[⑤]。魏源在书中非常鲜明地展露了他一以贯之的救亡图存思想以及史学经世思想。《道光洋艘征抚记》写作于同一时期，系统完整地记述了第一次鸦片战争的全过程。在这里，魏源已经隐现了其后来提出的“师夷长技以制夷”的思

① [清]左宗棠撰，刘泱泱校点：《左宗棠全集·书信》，岳麓书社2014年版，第84页。
② [清]魏源著，湖南省魏源诗文注释组选注：《魏源诗文选注》，湖南人民出版社1980年版，第105页。
③ [清]魏源撰，魏源全集编辑委员会编校：《魏源全集》第12册，岳麓书社2004年版，第194页。
④ [清]魏源：《魏源集》上册，中华书局2009年版，第166页。
⑤ [清]魏源：《魏源集》上册，中华书局2009年版，第167页。

想，并且全书以反侵略反投降为基调，体现出强烈的历史责任感与时局忧患意识。《海国图志》则是魏源基于林则徐在广州主持翻译的《四洲志》一书手稿和其他资料编辑而成，以期成为一部详尽可靠的西方史地全书。在不到两年的时间内，魏源基于《四洲志》，编成《海国图志》50 卷，清道光二十三年（1843 年）初次刻印，道光二十八年（1848 年）增补为 60 卷，咸丰三年（1853 年）增补为 100 卷。该书以知夷、师夷、振兴军备为核心思想，对鸦片战争的失败教训进行了深刻的总结。魏源在序言中开宗明义地说："是书何以做？曰：为以夷攻夷而作，为以夷款夷而作，为师夷长技以制夷而作。""然则执此书即可驭外夷乎？曰：唯唯，否否！此兵机也，非兵本也；有形之兵也，非无形之兵也。明臣有言：'欲平海上之倭患，先平人心之积患。'""以实事程实功，以实功程实事，艾三年而蓄之，网临渊而结之，毋冯河，毋画饼，则人材之虚患祛。""寐患去而天日昌，虚患去而风雷行。"[①]可以说，《皇朝经世文编》象征着魏源从尚虚的考据学转向务实的经世学，《海国图志》则意味着魏源已经跳脱出传统经世思

① [清]魏源撰，陈华等点校注释：《海国图志》上册，岳麓书社 1998 年版，第 1—2 页。

想的藩篱，转而迈向与时俱进的近代经世精神，“师夷长技以制夷”即是对这一大变革时代的及时回应。维新派代表人物康有为将《海国图志》作为“西学”首选之书[①]，足见后人对于魏源经世思想的肯定。

魏源将史学经世致用的思想与他的政治抱负紧密相连，将经世致用的观点融入史学中。他关注社会实际，治史是为了考察国家命运，希望以史治世，改革时弊，抵御外侮。这种以论史为主、考史为辅的史学经世致用思想也在当时形成了一种全新的学术气象。魏源所倡导的这种以史经世，将学术重心转移到现实问题之上的经世致用思潮是当时转折时代的产物，极大地推动了传统史学向近代史学的转变，冲破了当时史学界重视考据的风气，堪称一个时代的思想先驱者。

魏源的经世之术还体现在他对漕运、盐政、河政等的相关研究中，他于清道光五年（1825 年）至道光二十六年（1846 年），写过大量有关经济改革的文章，如《筹漕篇》《淮北票盐记》《淮北盐法轻本敌私议》《筹鹾篇》《筹河篇》《钱漕更弊议》，详细介绍了具体的治弊方法，集中体现了他

① 中国史学会主编：《中国近代史资料丛刊》第 4 册《戊戌变法》，上海人民出版社 1957 年版，第 115 页。

以实学致用、利国利民的经济主张，具体表现在“以除弊为兴利”“以节用为兴利”“以塞患为兴利”“以开源为兴利”的“除弊兴利”主张中[①]。在漕运方面，魏源主张改海运，认为实行海运对国家、人民和海商都有利，明确指出：“海运之事，其所利者有三：国计也，民生也，海商也。”[②]同时指出，虽然海运存在“风涛”“盗贼”“霉湿”等困难，但这些和海运的优越性比起来都是可以克服的，而且提出用商人的海运来代替官方的漕运的主张，这种思想在当时相当具有远见。在盐法方面，魏源提倡改革盐法，即通过裁减不必要的开支来降低食盐成本，以达到降低官盐价格的目的。同时，他还主张实行盐票制，这样不仅可以大大减少百姓的生活负担，也可以增加国家的财政收入。在治河方面，魏源在 1844 年完成的《筹河篇》上中下三篇中借鉴了历代治河的经验教训，主张将黄河南行入海改为黄河自行或人力北决，认为“必冲张秋，贯运河，归大清河入海，是大清河足以容纳全河，又明

① 陈其泰、刘兰肖：《魏源评传》，南京大学出版社 2004 年版，第 352 页。
② [清] 魏源撰，魏源全集编辑委员会编校：《魏源全集》第 12 册，岳麓书社 2004 年版，第 396 页。

如星日”[①]。魏源的这些主张，都贯穿了其实事求是的经世致用思想。

魏源在《诗古微》《董子春秋发微》中突出表现了他的经学经世思想。魏源在对儒家经典进行研究的过程中，认识到儒家哲学强调的是“内圣外王”，关注的是人与人的关系、人与社会的关系，即个人的修为与外在政治事功的统一。那么，如何才能做到通经致用呢？魏源认为通经要“以经术为治术”[②]，这不仅是魏源经学理论的主旨，也是其经学理论的归宿。从个人角度而言，治经有益于自身学术的提升；从国家角度而言，治经有益于国家的强盛。同时，魏源借经议政，以期揭露时代问题，宣传改革思想，因此，他对古文经学重视训诂考据的治经方法大加批判，倡导今文经学“微言大义”的治经模式，并且他将自己的感悟融于对经书的解释中，结合自己对社会现状的反思，亲身践行“以经术为治术”这一新的治经方式。

① [清]魏源撰，魏源全集编辑委员会编校：《魏源全集》第12册，岳麓书社2004年版，第350页。

② [清]魏源撰，魏源全集编辑委员会编校：《魏源全集》第12册，岳麓书社2004年版，第23页。

魏源的经世务实思想对后世产生了巨大影响，正如梁启超在其著作《清代学术概论》中所言，魏源实事求是的经世思想“实支配百年来之人心，直至今日，犹未脱离净尽，则其在历史上关系，不得谓细也”[①]。首先，他突破了作为学术主流的考据之学，摆脱了乾嘉朴学的统治地位，转而大力提倡经世之学，引导后学将目光集中于现实社会。其次，突破了传统经世之学的藩篱，其主张的“师夷长技以制夷”将目光投向西方，贯通古今、察时知变，在向西方寻求真理的同时对内主张改革，因时而变，其倡导士人开眼看世界，不仅影响了后世的知识分子，也成为洋务运动的思想理论基础。总之，在考据学盛行的时代，魏源承继岳麓书院以及湖湘文化实事求是的思想内核，重张经世致用的旗帜，批评考据学家皓首穷经，以经世致用作为观察问题和解决问题的理论武器。他在揭露和批判社会弊端的同时，也在此基础上提出改革社会的主张，在经世致用、开眼看世界上作出了卓越的贡献，他发时代之先声，开启了晚清学人议政、救世匡时务实之风，对中国由传统向近代的转变起到了重要的推动作用。

① 梁启超：《清代学术概论》，中华书局1954年版，第238页。

第五节
曾国藩的“禁大言以务实”与左宗棠的“弃虚崇实”

曾国藩（1811—1872 年），原名子诚，字伯涵，号涤生，湖南湘乡人。清道光十四年（1834 年），曾国藩来到长沙求学，从游于欧阳厚均门下，在岳麓书院学习的时间虽不足一年，但成绩突出，名声大噪。同年秋天，曾国藩参加乡试，后参加会试高中进士，入朝为官，历经道光、咸丰、同治三朝，为晚清重臣。左宗棠（1812—1885 年），字季高，一字朴存，湖南湘阴人。其父左观澜早年肄业于岳麓书院。清道光十一年（1831 年），巡抚吴荣光在岳麓书院创办湘水校经堂。同年，左宗棠入湘水校经堂，七次经堂考试都位列第一，深受吴荣光赞赏，后因参与镇压太平军而功绩卓著，入仕为官，与曾国藩等同为晚清重臣。曾国藩与左宗棠都曾游学于岳麓书院，其思想的形成和发展受到了岳麓书院“讲性理、笃践履、重经世”学风的深深熏陶。曾国藩与左宗棠的实践活动也进一步丰富和发展了实事求是和经世致用的内涵。

一、曾国藩“禁大言以务实”的思想及实践

作为学术与军政兼于一身的晚清重臣，曾国藩不仅是影响中国近代史的重要人物，也是晚清理学的代表人物。他被誉为理学大师、一代儒宗。他的理学经世思想不仅代表了晚清学术发展的方向，还为洋务运动提供了思想基础与理论准备。曾国藩把理学和经世之学相结合，将格物致知向实事求是的方向进一步延伸，极大地丰富了经世致用的思想内涵。

“格物”一词最早源于《大学》的“致知在格物”。南宋朱熹云：“格，至也。物，犹事也。穷至事物之理，欲其极处无不到也。”[1] 朱熹认为“格物”就是穷理，穷理之后便可致

① [宋]朱熹集注：《四书集注》，岳麓书社 1987 年版，第 6 页。

知。到了明代，“格物致知”被赋予了新的含义，王阳明言：“格物者，格其心之物也，格其意之物也，格其知之物也。”[①]王阳明所认为的“格物”是由内而外以良知去体验外物的过程。清代中叶乾嘉朴学盛行，其治学精神奉行“实事求是”，被称为“汉学”。“汉学”的惠栋、戴震等人与朱熹的认识不同。汉学家们认为“即物穷理”就是回到儒学经典，从书籍里钻研考据，考证事实。

曾国藩在朱熹、王阳明和乾嘉学者的基础上对“格物致知”表达了自己的进一步理解。他的《书〈学案小识〉后》有言：“即物穷理云者，古昔贤圣共由之轨，非朱子一家之创解也……惠定宇、戴东原之流，钩研诂训，本河间献王实事求是之旨，薄宋贤为空疏。夫所谓事者，非物乎？是者，非理乎？实事求是，非即朱子所称即物穷理者乎？”[②]曾国藩认为“实事求是”就是朱熹的“即物穷理”。具体而言，“实事求是”中的“事”和“即物穷理”中的“物”一样，是天下万物；而“实事求是”中的“是”和“即物穷理”中的“理”

① [明]王阳明撰，叶圣陶点校：《传习录》，中国致公出版社2018年版，第127页。
② [清]曾国藩：《曾国藩全集·文集》上卷，河北人民出版社2016年版，第16页。

也相同，泛指客观规律。这样曾国藩就把“即物穷理”和“实事求是”串联融合了起来。

可以说，朱熹对曾国藩产生了极大的影响。作为岳麓书院的学生，曾国藩也是“朱张之绪”脉络的传承者。在心性论上，曾国藩继承了朱熹“理一分殊”的思想，进而阐发了“吾心之知有限，万物之分无穷，不究乎至殊之分，无以洞乎至一之理也”[①] 的主张，从而承接了儒家道统，增强了义理之学的权威性；在认识论上，即对“格物致知”理论的认可与发扬；在修养工夫论上，则恪守朱熹主静居敬的训示，“居敬”是朱熹为自己所立 12 门日课的首条。曾国藩在日记中也写道：“此不能居敬者之不能养小体也……此不能居敬者之不能养大体也。是故吾人行父母之遗体，舍居敬更无他法。”[②] 曾国藩对朱子及其著作进行潜心钻研，并将其应用于修身、齐家、治国、平天下的事业中。

在曾国藩对“即物穷理”和实事求是进行融合和升华后，汉学与宋学便成了相互贯通且殊途同归的两种学派。它们虽

① [清] 曾国藩:《曾国藩全集》第 22 册《书信之一》，岳麓书社 2011 年版，第 17 页。
② [清] 曾国藩:《曾国藩全集·日记(一)》，岳麓书社 1987 年版，第 155 页。

治学方式不同，但都是从客观事物出发，探寻事物的内在联系和客观规律性。就此而言，曾国藩不仅调和了汉学和宋学之间的分歧，更使中国传统治学的务实精神得以重新彰显。在曾国藩看来，实事求是实质上就是“即物穷理”，二者都能体现传统儒学的实用精神。这在一定程度上改变了晚清宋学高谈空论的学术风气，同时也打破了汉学埋头纸堆、脱离现实的弊端，对清代学术向经世致用的转型具有重要的推动作用。

曾国藩的务实理念不仅体现在调和宋汉之争上，还表现在治学和实践上。“禁大言以务实”就是曾国藩实事求是观的典型表现。“禁大言以务实”出自曾国藩的日记：“绅士之道以四者为最要：一曰保愚懦以庇乡，一曰崇廉让以奉公，一曰禁大言以务实，一曰扩才识以待用。”[①] 意为做人做事禁说大话，要做到求真务实。曾国藩十分重视“实”和“诚”，认为做人应表里一致，一切都可以公之于世。他看重实用价值，讲求现实功效，践行实事求是思想，表现出了鲜明的务实性和实践性的特征。

---

① [清]曾国藩:《曾国藩全集》第17册《日记之二》，岳麓书社2011年版，第198页。

第一，治实学：不说大话，不谈高理。曾国藩在日记、书信中常常会有告诫子弟勤于治学的言论。那么如何治学？曾国藩给出了自己的答案，即“所知而力行之，是不欺也，知一句便行一句”[①]。先知后行，知一行一的思想反映了他求真务实、脚踏实地的治学精神。曾国藩曾批评读书人的通病在于“志大言大，而实不副也”[②]，他极力宣示“今与诸君子约为务实之学”，“禁大言以务实”。他还说过：“凡道理不可说得太高，太高则近于矫，近于伪。吾与僚友相勉，但求其不晏起，不撒谎。二事虽最浅近，而已大有益于身心矣。”[③]也正因如此，学术界大多把他当成晚清“实学”的代表人物。曾国藩不仅极力倡导“实学”，还注重亲身实践。

曾国藩以自己作字为例，详谈人要躬行实践，不能只是空想不干，不仅是读书，做人做事都应不说空话，“行一句算一句，行十句算十句”[④]。“余早年于作字一道，亦尝苦思力索，

① [清]曾国藩：《曾国藩全集》第20册《家书之一》，岳麓书社2011年版，第35页。
② [清]曾国藩：《曾国藩全集》第13册《批牍》，岳麓书社2011年版，第202页。
③ [清]曾国藩：《曾国藩全集》第13册《批牍》，岳麓书社2011年版，第176页。
④ [清]曾国藩：《曾国藩全集》第20册《家书之一》，岳麓书社2011年版，第197页。

终无所成。近日朝朝摹写，久不间断，遂觉月异而岁不同。可见年无分老少，事无分难易，但行之有恒，自如种树畜养，日见其大而不觉耳。”[①] 他对弟弟妄谈空言多有批评，规劝他多读书写字，不要张口就来。“贤弟论袁诗，论作字亦皆有所见，然空言无益，须多做诗多临帖乃可谈耳。譬如人欲进京，一步不行，而在家空言进京程途，亦何益哉？即言之津津，人谁得而信之哉？……然我用功，实脚踏实地，不敢一毫欺人。若如此做去，不作外官，将来道德文章必粗有成就。”[②] 曾国藩脚踏实地，不像旁人一样空言谈道，求务实，重实效，终有所成就。

曾国藩不仅自己治学遵循着实事求是思想，在教导后辈治学时同样讲求实际，认为不可脱离实际情况漫谈读书方法。在对儿子曾纪泽的读书进行指导时，他曾反复叮嘱他读经史书籍时要认真和细心，注意不同史家所著的疏解的优缺点，不可将书本奉为不可移易的圭臬，轻信书上内容。这种治学方法曾国藩在日记中也有提及：“凡汉人传注、唐人之疏，其

① [清]曾国藩：《曾国藩全集》第21册《家书之二》，岳麓书社2011年版，第12页。
② [清]曾国藩：《曾国藩全集》第20册《家书之一》，岳麓书社2011年版，第92页。

恶处在确守故训，失之穿凿；其好处在确守故训，不参私见……朱子《集传》，一扫旧障，专在涵泳神味，虚而与之委蛇，然如《郑风》诸什，注疏以为皆刺忽者固非，朱子以为皆淫奔者，亦未必是。尔治经之时，无论看注疏，看宋传，总宜虚心求之。”[①]曾国藩从自己的治学经验出发，认为先贤圣书虽十分重要，但阅读起来要慎之又慎，要结合生活经验对事物进行正确和深入的认识。

第二，践实行：行之以实，持之以久。曾国藩一生波澜壮阔，历经三朝，皆为朝廷重臣，享有“中兴第一名臣”之美誉。这与他奉行“禁大言以务实”的做官准则有很大关系。

曾国藩曾说：“但求脚踏实地，颠扑不破。其初或多磨折，久后著有成效。”[②]做官如做人，要脚踏实地，在逆境中接受磨炼。他一再强调“实者，不说大话，不好虚名；不行驾空之事，不谈过高之理”[③]。为官不要说大话，也不要对官职有过多追求，不要做不切实际的事情，也不要谈大道理。从

① [清]曾国藩：《曾国藩全集》第20册《家书之一》，岳麓书社2011年版，第389页。
② [清]曾国藩：《曾国藩全集》第28册《书信之七》，岳麓书社2011年版，第753页。
③ [清]曾国藩：《曾国藩全集》第17册《日记之二》，岳麓书社2011年版，第87页。

这段话中能看出曾国藩十分倡导躬行和实践，强调做官不能只说不做，不能空想不作为，也就是他所说的“禁大言以务实”。

做官要怎么作为，曾国藩给出了自己的见解。在咸丰十年的批牍中，他给下属点明了如何做官做事，内容直切做官之道:“办事之法，以五到为要。五到者，身到、心到、眼到、手到、口到也。身到者，如作吏则亲验命盗案，亲巡乡里，治军则亲巡营垒，亲探贼地是也；心到者，凡事苦心剖晰，大条理、小条理、始条理、终条理，理其绪而分之，又比其类而合之也；眼到者，着意看人，认真看公牍也；手到者，于人之长短，事之关键，随笔写记，以备遗忘也；口到者，使人之事，既有公文，又苦口丁嘱也。”① 其中的“身到”之句，是指发生命案盗案时，官员须亲自勘验并巡视乡村。若治军将官须亲自巡视营垒，亲自查探敌情。做到摒虚去文，力求实际。任两江总督期间，曾国藩亲撰《劝诫浅语十六》，劝诫和教导州县勤政务、营官勤兵务、委员勤职务、绅士勤乡务，以此来提升地方官员素质。

---

① [清] 曾国藩:《曾国藩全集》第 13 册《批牍》，岳麓书社 2011 年版，第 143 页。

在洋务运动期间，曾国藩积极吸纳西学，与其他晚清重臣共同兴办洋务，倡导“资夷智”“救时”，引进西方先进技术。创办江南制造总局、设立译书局、创建洋务学堂、校印《几何原理》、派遣幼童赴美留学等洋务活动，不仅反映出他对科学技术和实用知识的重视，也体现了他经世致用和求真务实的精神。

二、左宗棠“弃虚崇实”的思想及实践

在19世纪60年代开始的洋务运动中，左宗棠是洋务派的重要人物。洋务派主张学习西方，以求国家富强之术，左宗棠也不例外，不过左宗棠的思想主张更加务实。在给魏源的《海国图志》作序时，左宗棠言：“泰西弃虚崇实，艺重于道。官、师均由艺进，性慧敏，好深思，制作精妙，日新而月有异，象纬舆地之学尤征专诣，盖得儒之数而萃其聪明才智以致之者。其艺事独擅，乃显于其教矣。”[①]左宗棠看到了当时在中国占统治地位的宋明理学的弊端：空谈理论，不求实

① [清]左宗棠撰，刘泱泱校点：《左宗棠全集·家书 诗文》，岳麓书社2014年版，第227页。

际。而与之相对的是西方列强的优势，他们“弃虚崇实”因而国利民强，这个“实”给了左宗棠很大的启发。

第一，提倡实学，读书致用。和曾国藩一样，左宗棠也对当时乾嘉朴学拘泥于考据训诂进行了批评：“穷经将以致用也，而或泥于章句训诂之学，捃摭遗义，苏索经馀，前人所弃，后复拾之，纵华辨之有馀，究身心之何补？”[①]在他看来，乾嘉朴学的考据和训诂虽然能得到真义，但对身心无益，且脱离现实，读书在于致用，而非在字、词、句读中打转。所以左宗棠主张将读书与实践相结合，“所谓识字者，非仅如近世汉学云云也。识得一字即行一字，方是善学……务实学之君子必敦实行，此等字识得数个足矣”[②]。对左宗棠而言，只读书不躬行，和学舌鹦鹉没有区别。读书够用即可，敦实行才最为重要。他还指出：“纵读数千卷奇书，无实行不为识

① [清]左宗棠撰，刘泱泱校点：《左宗棠全集·家书 诗文》，岳麓书社2014年版，第359页。

② [清]左宗棠撰，刘泱泱校点：《左宗棠全集·书信 诗文》，岳麓书社2014年版，第6页。

字。”[①]左宗棠多次强调读书和实践的关系，可见其对实践的重视和倡导。

左宗棠提倡实事求是的读书和治学精神，批评了当时儒学空读书、空著书的学风。他在给朋友罗研生的信中说道：“近人著书，多简择易成而名美者为之，实学绝少。仆近阅新书殆不啻万卷，赏心者不过数种已耳。”[②]所以他纂写农书，提倡实学，以求实效。在给儿子左孝威的信中，左宗棠说：“所贵读书者，为能明白事理。学作圣贤，不在科名一路，如果是品端学优之君子，即不得科第亦自尊贵。”[③]左宗棠对当时的空虚学风大为不满，认为读书只为做官，却不明白事理，通晓实务，那登科取士又有何用，现在国家人才不佳，原因就是“专心做时下科名之学者多，留心本原之学者少……八股

① [清]左宗棠撰，林鸣凤等整理：《左宗棠全集·书信 诗文》，岳麓书社2009年版，第419页。

② [清]左宗棠撰，刘泱泱校点：《左宗棠全集·书信一》，岳麓书社2014年版，第45页。

③ [清]左宗棠撰，刘泱泱校点：《左宗棠全集·家书 诗文》，岳麓书社2014年版，第19页。

愈做得人格，人才愈见庸下”[①]。因此他教儿子读书，并不是读死书，而是主张把读书明理和做人做事联系起来，多读有用之书，多做有用之事，“只要读书明理，讲求做人及经世有用之学，便是好儿子，不在科名也”[②]。努力学做好人，做实事，不必一心追求功名，也不必做苟且草率功夫。

左宗棠不仅教育后代以实学为主，还在洋务运动的教育领域进一步推崇实事求是之风。左宗棠亲自创办福州船政学堂，为中国培养了一大批海军人才和科技人才。左宗棠为学堂取名求是堂艺局，带有“求是”二字，是他多年奉行实事求是原则的反映。在学堂筹备阶段，左宗棠“延致熟习中外语言文字洋师，教习英法两国语言文字、算法、画法，名曰求是堂艺局，挑选本地资性聪颖、粗通文义子弟入局肄习”[③]，此举为近代人才的培养起到了重要的倡导作用。

---

① [清] 左宗棠撰，林鸣凤等整理：《左宗棠全集 · 家书 诗文》，岳麓书社 1987 年版，第 20 页。

② [清] 左宗棠撰，林鸣凤等整理：《左宗棠全集 · 家书 诗文》，岳麓书社 1987 年版，第 21 页。

③ [清] 左宗棠撰，刘泱泱校点：《左宗棠全集 · 奏稿三》，岳麓书社 2014 年版，第 297 页。

第二，洋务实践，追求实效。其实在推行洋务活动之前，左宗棠已经在用行动践行“崇实”的思想了。左宗棠读书时便对经世致用有着很浓厚的兴趣，他对顾炎武的《天下郡国利病书》爱不释手，一心研究书中内容。三次入京会试都名落孙山后，左宗棠专心钻研农学。他用积蓄在家乡买田，休假归来就在田地里躬耕。在左宗棠看来，他种地不是为了一人一家的温饱，而是为了研究种地的方法，如果能推广开来，使“一乡温饱，即是我辈一大功德”[①]。为此，他还作《朴存阁农书》将自己实践所得的种田之法记述下来，以诏农圃。除此之外，左宗棠还对地学、农桑、水利、漕运等多有探求，早年积聚的这些历史、地理、兵学、农学知识，为他后来用兵作战、治理地方打下了深厚的基础。

在洋务运动期间，左宗棠把“崇实”的思想贯彻到洋务实践中去，兴办大型企业，以求国家自强和民族振兴。他非常注重解决社会实际和民生问题，具有强烈的改革精神。在洋务运动中，左宗棠主要以造船为中心。在筹办福州船政局的奏折中，他明确提出了如何用“实事求是”来“求实效”：

① [清]左宗棠撰，刘泱泱校点：《左宗棠全集·附册》，岳麓书社2014年版，第191页。

“募练水兵，以求实效，必须镇道得人，同心共济，而部中不复以旧制相绳，庶几实事求是，而船政可举也。”[①]只要能实事求是地做事，就会有明显的实效。而只要是能有实效的东西，都可以为我们所学，为我们所用。同时，左宗棠认为学习西方，不能全盘照搬，要结合中国具体实际，因地制宜，实事求是，坚持中西结合，“长短相间，参用中西之法，而兼其长”[②]。以此思想为指导，根据中国当时的国情，左宗棠极大地注意了“有益实用者”，如“念泰西水器最利民用，数百年来有人说过，无人仿造，岂不可惜”[③]。以实用为原则，左宗棠后来还在创办新式学堂、提倡农桑、制造枪支弹药、治水等利于国计民生的领域进一步开展洋务活动。

左宗棠实事求是的洋务思想和实践所带来的成果令人瞩目。福州船政局造出的船只和新式军舰组成了中国第一支海军舰队。左宗棠平定西北时在西安创建了机器局，后将部局

① [清]左宗棠撰，刘泱泱校点：《左宗棠全集·奏稿三》，岳麓书社2014年版，第130页。
② 罗正钧著，朱悦、朱子南校点：《左宗棠年谱》，岳麓书社1983年版，第272页。
③ [清]左宗棠撰，刘泱泱校点：《左宗棠全集·书信三》，岳麓书社2014年版，第444页。

迁往兰州，改名为兰州制造局。制造局中研制的新式枪炮在左宗棠平定西北、收复新疆伊犁等多次战役中发挥了重要作用。左宗棠“崇实”的洋务实践不仅促进了晚清民族资本的发展，还有效抵御了外来侵略，对中国近代社会转型发挥了重要作用。

“崇实求是”是左宗棠一生活动和思想的核心。在人生的前半段，他虽屡试不第却悉心钻研实学，后半生将其所学施展于做官的实践中，“百工技艺及医学、农学，均是一件事，道理尚易通晓。至吾儒读书，天地民物，莫非己任”①。他对实事求是的践行和体会十分深刻，临终之前仍在奏折直言：“上下一心，实事求是。臣虽死之日，犹生之年。”②这些都展示了左宗棠以天下为己任的强烈的责任感和对实事求是思想的终身践行。

近代湖湘士人对“实”的领悟和践行，极大地丰富了实事求是的内涵，使实事求是成为在经世致用和躬行实践精神

① [清]左宗棠撰，刘泱泱校点：《左宗棠全集·家书 诗文》，岳麓书社2014年版，第10页。

② [清]左宗棠撰，刘泱泱校点：《左宗棠全集·奏稿八》，岳麓书社2014年版，第554页。

引领下的一种为学路径、思维方式和处事之法。无论是王夫之、魏源，还是曾国藩、左宗棠，他们都是实干家、行动派。其中曾国藩和左宗棠作为“中兴名臣”常常并称，二人年龄相当，都曾在岳麓书院学习，同受到湖湘文化的熏陶，人生道路和治学为官也多有相似之处。他们在中国晚清政治舞台上虎啸生风，在读书、治学、政治、外交等领域都充分发挥了经世致用的理念和躬行实践的务实作风，彰显了湖湘知识分子特有的精神气质，堪称湖湘人士理学经世的典范。

第六节

宾步程将实事求是上升为岳麓书院校训

宾步程（1880—1943 年），谱名孝聪，字敏陔，号艺庐，湖南东安人。他曾就读于两湖书院与湖北将弁学堂，后去德国留学，归国后担任过工程师、政府官员、校长等职务。实事求是上升为岳麓书院校训是在 1917 年宾步程任湖南公立工业专门学校的校长时所为，其手书“实事求是”四字，悬匾额于书院讲堂前檐。实事求是思想延续至今，不仅熏陶了湖南大学一代又一代的青年学子，也影响了无数前来参观岳麓书院的文人骚客。宾步程选择实事求是作为岳麓书院校训，与其生平经历、岳麓书院的学术传统和湖湘文化的近代化转型密切关联。

一、对实事求是思想的继承与发展

宾步程在学习过程中不断学习和吸收实事求是思想，后来的实践经历正是其在自身对实事求是思想继承基础上的落实与发展。

少时，宾步程跟随井头圩町尾村的秀才读私塾，自学能力强且十分刻苦。稍长，宾步程被选入两湖书院。由于家贫，父母变卖水田，供其读书。临行前，父亲训示他说："我家贫穷，衣食不支，如今倾家中所有，为你交学费，学不成，不要来见我。"[①]为了节省费用，宾步程在清光绪二十四年（1898年）从家乡湖南东安步行至湖北武昌两湖书院，他牢记父亲训示，攻读刻苦，成绩优秀，后被选入湖北将弁学堂读书。少时读私塾和后来入两湖书院与湖北将弁学堂的经历为其实事求是思想的形成打下了基础。

宾步程在少时就读私塾时，就对河间献王刘德"修学好古，实事求是"的治学态度有所了解，后来就读两湖书院的经历则进一步推动了其实事求是思想的形成。两湖书院处于

① 东安县志编纂委员会编：《东安县志》，湖南出版社1995年版，第785页。

传统与变革之间，于清光绪十六年（1890年）为张之洞所设。清光绪二十四年（1898年），张之洞在两湖书院按照学堂办法，改定课程，“一洗帖括词章之习，惟以造真才济时用为要归”，“分习经学、史学、地舆学、算学四门，图学附于地舆，每门各设分教，诸生于四门皆须兼通。四门轮日分习”。另外，“设院长总司整饬学规，考核品行，讲明经济，用宋太学积分之法，每月终核其所业分数之多寡，以为进退之等差”[①]。就此两湖书院的管理制度、教学内容、方法等都发生了巨大的变化。宾步程在两湖书院的研习正值书院改革之际，书院“求实”的趋向影响着他，而在被选入湖北将弁学堂读书后继续受这种“求实”风气的影响，也与将弁学堂“讲求行军、布阵，分合进退、攻守迎拒、设伏包抄，一应调度指挥之实际”[②]的教授内容分不开。此后，宾步程去德国留学的经历更是推动了他回国后一系列的实事举动的出现。

清光绪二十八年（1902年），张之洞被委派兼管全国学

① [清]张之洞著，苑书义等主编：《张之洞全集》第2册，河北人民出版社1998年版，第1299页。
② [清]张之洞著，苑书义等主编：《张之洞全集》第6册，河北人民出版社1998年版，第4128页。

务事宜。其代表总理学务部门规定："泰西各国，或以道远费多，资送甚少。亟应广开风气，着各省督抚选择明通端正之学生，筹给经费，派往西洋各国，讲求专门学业，务期成就其真才，以备任使。"[①] 清光绪二十九年（1903 年），在张之洞和端方选派学生留欧时，宾步程被派德国留学。他先是在德国炮兵学校学习军事，探索救国救民之道，但"深感'兵战不如商战'，决心利用德国在第二次技术革命中崛起、工业技术雄居世界前列这一得天独厚的优越条件，改入柏林帝国工科大学，学习机械工程，着意于'兵学制造'"[②]。这一学习方向的转变不无道理，"兵战没有雄厚的工业支撑也无法维持，唯有实业救国才是真正可行的"[③]。在德国留学的 8 年里，宾步程所学均为世界上的前沿科技，比如无线电等，潜心研习兵造以期用先进科技救国。日常学习之余，宾步程还经常

① [清] 朱寿朋编，张静庐等点校：《光绪朝东华录》，中华书局 1958 年版，第 4932 页。
② 许康、姜明：《继往开来的工程教育创新者——纪念宾步程校长逝世六十周年》，《湖南大学学报（社会科学版）》2003 年第 6 期。
③ 许康、王道平：《20 世纪中国最早的"理工科"期刊——纪念〈理工〉创刊 100 周年》，《湖南大学学报（社会科学版）》2008 年第 1 期。

去欧美各国进行考察和实习，足迹遍布20余国，真正做到了“读万卷书”和“行万里路”的结合。除却对科技的学习，宾步程还革新思想，积极参与民主革命。清光绪三十一年（1905年），宾步程以留德学生会会长的身份接待了前往德国柏林开展革命活动的孙中山，并秘密加入了同盟会。学成归国之后，宾步程仍继续跟随孙中山奔走革命，并将所学施行于国，开展了一系列的“科技救国”、“实业救国”与“教育救国”活动，其中涉及最多的当数教育方面，这也促进了岳麓书院“实事求是”匾额的出现。

清宣统二年（1910年），宾步程归国。归国后他先是担任了粤汉铁路长沙株洲段机械工程师，打破了火车头需从外国购买且需外国人组装的限制，实现了自行装配，节省了很大一笔开支。民国元年（1912年），孙中山和黄兴为发展军事工业，在上海《申报》上登载寻找宾步程的广告：“各报转宾步程、钱方度君鉴：有要事待公等担任，希即来宁陆军部一谈。盼复。”[①] 宾步程见报赶往南京，在3月份接任金陵机器制造局局长。任职后，他“在短时间内克服了经费拮据、

① 宾步程著，宾睦新等整理：《宾步程集》第6册，广东人民出版社2019年版，第480页。

设备老旧等困难，率先仿制成具有国际领先水平的美国白朗宁手枪和德国马克沁重机枪”，“还自行设计了‘七五式山炮’”[①]。这些技术均可以代表当时国内的先进水平。民国十三年（1924 年），农商部还授予宾步程工业技师证书。[②]

宾步程在实业方面也有颇多活动。民国四年（1915 年），他与唐生智的父亲唐承绪、雷铸寰等东安同乡在东安县大牛头寨创办了天宝锑矿公司。民国十年（1921 年），宾步程等人筹资 18000 元，创办了岳华皮革公司，在民国二十三年（1934 年）对此公司进行调查时，发现资本已近 50000 元，而且除去民国十六年（1927 年）和民国十九年（1930 年）两年短暂停业外，其余均营业顺利。[③] 民国十一年（1922 年），宾步程与唐承绪等人筹备创办永州电灯灰面公司，公司地址设在永州零陵城北。除此以外，他还担任湖南造币厂厂长、处理水口山矿务局事务、接办河南中原煤矿公司等。宾步程

---

① 朱有志、郭钦主编：《湖南近现代实业人物传略》，中南大学出版社 2011 年版，第 138 页。

② 宾步程著，宾睦新等整理：《宾步程集》第 6 册，广东人民出版社 2019 年版，第 492 页。

③ 孟学思：《长沙重要工厂调查》，湖南经济调查所，1934 年，第 G4 页。

还在新闻业方面有所涉猎，创办了多种报刊，其中《霹雳报》最能代表宾步程对于时事政治的观点。民国十一年（1922年），宾步程与杨绩荪等人创办《霹雳晚刊》，后改为《霹雳报》，民国十二年（1923年）8月停刊，民国二十一年（1932年）复刊。其办报目的明确，“记的是当天所见闻的事，说的是大家所要说而不敢说的话，在现今十几家堂堂皇皇的大报当中，本刊愿拿出短小精悍的能力，担负冲锋陷阵的责任。篇幅虽小，精力不弱”[①]。而这份报纸也因针砭时弊而屡被查封，但从未改变办报初衷。

教育是宾步程涉及最多的领域，他先后创办了濂溪中学（后改名为湖南第十三联合县立中学）、明宪女子中学（即今长沙市第十五中学）、湖南省立零陵高级中学，还多次为其他教育活动捐款和募捐。民国三年（1914年），宾步程出任湖南公立工业专门学校校长，关于建设工业人才，他认为学习知识应与实际做工结合起来，“抑知工业之事，学问与经验二者缺一不可”，然而，很多同学营谋做官，“究有几人曾在矿山中作过数年工程之事？不过凭着在学校中所得书本上之

① 宾步程著，宾睦新等整理：《宾步程集》第6册，广东人民出版社2019年版，第487页。

知识，昂然自命为专门人才而已。湖南官矿虽多，各同学除有做局长资格者以外，又有几人能担任工程师一席耶”“吾湘建设事业犹在萌芽时期，工业人才固不患其多，亦不患其无用处，患在此项人才专欲做官而不做工耳”[①]。对此，他提议厅内专门人才“素未做过工人事业者，轮流派往工厂、矿山做工，定期换班，以资实验”[②]。在任职湖南公立工业专门学校校长期间，宾步程设法将学校迁到岳麓书院，进而在民国六年（1917 年）将“实事求是”作为岳麓书院校训。即使在处理水口山矿务局事务时，他也不忘推广教育。民国十二年（1923 年）12 月初，宾步程发布《水口山工人学校布告》，宣布：“照得教育为立国根本，工人教育，在今日尤为重要，本局长从事工业教育有年，深知工人无学之可悯，对于工人教育，竭力提倡，不遗余力。查前工人俱乐部，办有工人学校一所，兹该俱乐部既经省令解散，所有工人学校，应即由

① 宾步程著，宾睦新等整理：《宾步程集》第 1 册，广东人民出版社 2019 年版，第 41 页。
② 宾步程著，宾睦新等整理：《宾步程集》第 1 册，广东人民出版社 2019 年版，第 42 页。

本局委人接办，力图整顿，以免工人子弟有失学之忧。”[1] 从他的教育观中，可以清楚地看到实事求是的影子。而宾步程这种从实际出发的教育理念，均源于他所受到的中式传统教育启蒙与近代新式教育的熏陶，从他的各种教育履历中也可以看出他是切切实实地践行了这种理念。

二、实事求是成为岳麓书院的校训

宾步程将实事求是作为湖南公立工业专门学校校训，并悬挂在岳麓书院讲堂前檐，这一举动不仅与岳麓书院的历史传统相契合，也是湖湘文化在近代转型这一大背景下的必然结果。

传统书院以经史之学为主要内容，以登科入仕为主要目的，难以适应洋务运动以来社会对新的知识文化的需求，再加上西学东渐冲击了中国传统思想，促进了中西文化的交流，在这种背景下，时人纷纷提出改革书院的主张，形成了书院改制的热潮。岳麓书院早已有经世致用的传统，因此，在面

① 宾步程著，宾睦新等整理：《宾步程集》第 6 册，广东人民出版社 2019 年版，第 492 页。

对全国书院改制的高潮时，也能与时俱进适应社会急剧变化的文化教育需求，步入改革、转型的历史进程。

岳麓书院的近代化改革始于清光绪二十二年（1896 年），山长王先谦订购《时务报》，令诸生阅读，来改革思想、读书致用。清光绪二十三年（1897 年），王先谦发布《岳麓书院月课改章手谕》，认为“方今时事多艰，培才为急，将欲讲求实用，不能专恃制艺试帖以为造就之资”[①]，以通时务而务实为目的，对岳麓书院的教学内容进行了变革，“拟定经、史、掌故、算、译各学，列为五门，以舆地并归史学（舆地本史志一端，至环球舆图，论测绘须先通算学，论翻译须先通译学，故无庸分别）”[②]。在《岳麓书院月课改章手谕》发布的 10 天后，岳麓书院译学教习又制定了《岳麓书院新定译学会课程》，课程的设置差不多为现代外语教学的各个方面，可以从侧面证明岳麓书院拥有因循时代、因势变革的能力，并推动着时务学堂的创立。后岳麓书院虽与时务学堂产生矛盾分歧，近代化变革停滞了一段时间，但这种停滞毕竟是短

---

①《岳麓书院院长王月课改章手谕》，《湘学报》第 9 册，光绪二十三年六月十一日。
②《岳麓书院院长王月课改章手谕》，《湘学报》第 9 册，光绪二十三年六月十一日。

暂的，岳麓书院最终仍在经世致用的学术传统下朝着近代化方向前进。清光绪二十九年（1903 年），在湖南巡抚赵尔巽的推动下，岳麓书院改为湖南高等学堂，并将早已改为湖南高等学堂的时务学堂并入，组建成了新的湖南高等学堂。新高等学堂开办中学、预科、正科（本科），清光绪三十四年（1908 年），又在所设正科中分设文、理两科，真正成为近代意义上的文理兼招的综合性高等学府。

中华民国成立后，由岳麓书院改制的湖南高等学堂停办。民国元年（1912 年），湖南大学筹备处首次成立，湖南大学虽然没有成立，但岳麓书院顺势成为高等师范学校校舍。民国六年（1917 年），高等师范学校停办之际，高师教授们再次组建了湖南大学筹备处。同时，宾步程为谋求湖南公立工业专门学校的发展，借用高师校舍办学，“设采矿、冶金、机械、应用化学、电机、土木、窑业等专业，聘请法、英、美籍教师讲授英文、力学、物理、化学分析、采矿工程、机械制图等课程”[①]，并以“实事求是”作为校训，悬匾额于书院讲堂前檐，还在讲堂旁题“工善其事必利其器，业精于勤而

① 朱汉民、邓洪波：《岳麓书院史》，湖南人民出版社 2017 年版，第 555 页。

荒于嬉”对联，带领书院继续朝着实用之学的方向发展。此时的湖南公立工业专门学校拥有 114 种化学药品（3514 磅）、23 种化学器具（2113 件）、20 种洋文书（3640 本）、4 种中文书（1581 本）等物品，[①]这都为之后培养大批工程技术人员提供了丰富的学习资源，学校本身也成为清民之际湖南实业教育的最高学府。民国十四年（1925 年），湖南大学筹备处第三次组建，并在民国十五年（1926 年）成立了湖南大学，湖南公立工业专门学校成为湖南大学的一部分，“实事求是”这一精神成为湖南大学校训，影响着湖南大学一代又一代的学子与岳麓书院的参观学习者。

湖湘文化的近代化转型可以说是朝着实用的方向转变，是随社会现状和社会所需的变动而变，而这一转型也是在一批经世的知识分子下推动的。从胡宏、张栻等人创立“湖湘学派”，讲求实用，主张从国计民生中探寻富国强兵之道开始，湖湘文化就已经体现出了鲜明的经世致用特色。而以魏源的“师夷长技以制夷”为始，湖湘文化就依托其经世致用的特点开启了它的近代化转型。魏源除了介绍西方的坚船利

① 宾步程著，宾睦新等整理:《宾步程集》第6册，广东人民出版社2019年版，第188页。

炮等物质技术，还介绍了西方近代的制度与思想文化。在其之后的曾国藩、左宗棠继续朝实用的方向靠拢，进行了一系列的近代化活动。曾国藩创办江南制造总局，左宗棠创办福州船政局，两人均开办了近代军工企业，引进西方先进的军工与科技文化，这些都是分析中国现实情况后才做出的举动，非常符合中国的需要。郭嵩焘也是从实用理性的角度来看待西方近代的科学技术的，由于其对西洋的深切了解，他的近代化追求除了科学技术外，还包括制度和思想文化，因此他对西方近代技术、政治、思想等均有极高的赞赏，认为“西人格致之学，所以牢笼天地，驱役万物，皆实事求是之效也”[①]，“泰西立国之势与百姓共之。国家有所举废，百姓皆与其议；百姓有所为利害，国家皆与赞其成而防其患”[②]。正是这些知识分子对西方科学技术知识、商业文明、政治制度、民主思想等内容的全方位介绍，才使得国人不断更新、加深对西方文明的了解，进而推动了湖湘文化近代化转型的进程。

在这些经世的知识群体之后，维新变法运动中的士大夫

---

①［清］郭嵩焘：《郭嵩焘日记》第 3 卷，湖南人民出版社 1982 年版，第 766 页。

②［清］郭嵩焘著，杨坚点校：《郭嵩焘诗文集》，岳麓书社 1984 年版，第 555 页。

促进了湖湘文化向近代形态更加深刻、全面的转变。维新运动时期，湖南在巡抚陈宝箴的支持下，形成了以谭嗣同、唐才常为核心的资产阶级维新派，他们引领湖湘学子改革社会现状，试图以维新变法挽救民族危亡。谭嗣同猛烈批判存在于中国根深蒂固的“三纲五常”与封建君主专制等陈旧思想，创建了融合中西文化、主张民权民主的新“仁学”。其挚友唐才常则在谭嗣同新“仁学”的基础上进一步提出“融通中西”的主张，并在《湘学报》《湘报》上发表大量宣传资产阶级民主民权的学说，反对封建君主专制制度。在这些维新派人士的影响下，湖南的风气得到了根本的转变，越来越多的湖南人以新的眼光看待西方。虽然维新运动失败了，但在这种新风气的影响下，又爆发了辛亥革命。在辛亥革命时期，接受过维新时期新式学堂教育的湖湘志士勇敢投身于民主革命，确立了反帝反封建的目标。在辛亥革命时期，湖湘文化的近代转型也初步实现。从早期的经世派知识群体到资产阶级革命人士，湖湘文化根据国家、社会现状与需求，不断调整转变的方向，实现了自身近代化的初步转变。而宾步程也正是在湖湘文化近代化转变的这种背景下，恰逢其时地将实事求是作为湖南公立工业专门学校的校训，并将其悬挂在作为校址的岳麓书院的讲堂门前檐上。

实事求是这一思想从古代开始就已在岳麓书院生根发芽，形成经世致用的学术传统。而生于清末民初风云变幻之际的宾步程，在面对中国五千年之未有大变局时，融合所学知识与实事经验，积极拯救国家危亡，在教育、实业等方面建言献策、出资出力。湖湘文化的近代化转型风气也影响着宾步程题“实事求是”匾额于讲堂前檐，并将此作为校训的举动，这一举动对后人产生了很大的影响。其中最不能忽视的便是对青年毛泽东的影响。虽然现在所说的实事求是的含义是毛泽东在延安时期重新赋予的，但追根溯源则可以发现岳麓书院实事求是的思想源流。

第三章

党的实事求是思想路线的确立与发展

中国共产党实事求是思想路线的提出、确立和发展，是中国共产党人运用马克思主义基本原理对中华优秀传统文化中“实事求是”这一哲学概念的科学改造，也是中国共产党人根据一定历史阶段内的时代主题、时代条件将马克思主义基本原理同中国革命、建设和改革实践相结合的必然结果。以毛泽东同志为主要代表的中国共产党人，确立了实事求是的思想路线；以邓小平同志为主要代表的中国共产党人重新恢复和确立了实事求是的思想路线；以江泽民同志为主要代表的中国共产党人和以胡锦涛同志为主要代表的中国共产党人，坚持解放思想、实事求是、与时俱进、求真务实，坚持和发展了实事求是的思想路线；以习近平同志为主要代表的中国共产党人，坚持解放思想和实事求是相统一、培元固本和守正创新相统一，创立了习近平新时代中国特色社会主义思想，丰富和发展了实事求是的思想路线。守正创新是党的实事求是思想路线的新时代表达。

第一节
毛泽东与实事求是思想路线的确立

毛泽东继承了中华民族悠久而丰富的实事求是传统，以马克思主义的科学世界观和方法论为基础，在继承中国古代朴素的实事求是思想的基础上，形成了具有完备科学形态的实事求是思想。习近平总书记指出：“毛泽东思想活的灵魂是贯穿其中的立场、观点、方法，它们有三个基本方面，这就是实事求是、群众路线、独立自主。新形势下，我们要坚持和运用好毛泽东思想活的灵魂，把我们党建设好，把中国特色社会主义伟大事业继续推向前进。”[①]

①《习近平著作选读》第1卷，人民出版社2023年版，第209页。

一、毛泽东实事求是思想的形成和发展轨迹

毛泽东实事求是思想的形成，与中国传统哲学，尤其与湖湘文化中经世致用思想的影响密不可分。1913 年，毛泽东在第四师范学校求学期间所记的《讲堂录》中关于求真务实、不慕虚名的条目随处可见，“有的条文突出理想情操，求实好学，不务虚名的内容”[①]，“不谈过高之理。心知不能行，谈之不过动听，不如默尔为愈”[②]。毛泽东还对顾炎武讲求经世之学的精神极为推崇。正是在中国传统文化务实精神的影响下，毛泽东在求学时期就特别注重经世致用之学。1918 年，毛泽东开始投身于“改造中国与世界”的社会实践中。在领导湖南自治运动时，毛泽东明确宣称：“若不继之以实际的运动，湖南自治，仍旧只在纸上好看，或在口中好听，终究不能实现出来。”[③] 表明毛泽东此时已经开始有意识地将理论与实践联系起来，这是毛泽东理论联系实际思想的最初表述。

---

①《毛泽东年谱（1893—1949）》上册，中央文献出版社 2013 年版，第 14 页。

②《毛泽东早期文稿》，湖南出版社 1990 年版，第 581 页。

③《毛泽东早期文稿》，湖南出版社 1990 年版，第 517 页。

要领导人民群众进行阶级斗争，就必须深入认识中国社会各阶级现状，而要了解各阶级现状，就必须进行调查研究。1924 年 12 月，毛泽东在韶山养病期间开展了广泛而深入的社会调查，并写作了《中国社会各阶级的分析》一文。1927 年 1 月，毛泽东对长沙等五县的农民运动进行了系统调查，并写成了《湖南农民运动考察报告》，得出农民运动是“必然的，必需的”，农民运动“好得很”的科学结论，为驳斥国民党右派的攻击提供了充分的佐证。正是通过农村实践调查，毛泽东深入了解和掌握了中国农村的阶级状况和存在的各种社会问题，从而认清了中国革命道路的特殊性，在八七会议上提出“须知政权是由枪杆子中取得的”[①] 的著名论断。

四一二反革命政变后，中国共产党人举行了上百次以城市为中心的武装起义，但均以失败而告终。秋收起义后，毛泽东率起义军上井冈山，此时根据地斗争残酷、环境险恶、物质匮乏、条件艰苦，不少人对革命前途产生了悲观情绪，甚至提出了“红旗到底打得多久”的疑问。在这种情况下，毛泽东通过深入的调查研究，深刻揭示了中国革命的特

①《毛泽东文集》第 1 卷，人民出版社 1993 年版，第 47 页。

殊性、长期性、复杂性，先后著述了《中国的红色政权为什么能够存在？》《星星之火，可以燎原》《反对本本主义》等经典理论文章，批判党内存在的主观主义、教条主义、机械主义思想。

在《反对本本主义》一文中，毛泽东提出“没有调查，没有发言权”，明确指出：“离开实际调查就要产生唯心的阶级估量和唯心的工作指导，那末，它的结果，不是机会主义，便是盲动主义。”[①] 这样，便把调查研究、从实际出发，提到了坚持唯物主义世界观的高度。毛泽东强调“调查就是解决问题”，也就是要求人们通过调查认识事物的客观规律。他说：“你完完全全调查明白了，你对那个问题就有解决的办法了。”[②] 毛泽东还坚决反对“唯上”和“唯书”，提出了“中国革命斗争的胜利要靠中国同志了解中国情况”的口号。此后，毛泽东在寻乌、东塘、兴国等地开展调查研究，提出了“工农武装割据”的思想，体现了他对中国社会性质和国内矛盾的深刻把握与准确判断。

①《毛泽东选集》第 1 卷，人民出版社 1991 年版，第 112 页。
②《毛泽东选集》第 1 卷，人民出版社 1991 年版，第 110 页。

为了从思想层面批判党内存在已久的教条主义和经验主义，延安时期毛泽东写成了《实践论》和《矛盾论》两篇经典著作，力图从马克思主义认识论和辩证法的高度来解决思想路线问题。除了通过写作《实践论》《矛盾论》，中国共产党还通过整风运动来扭转“知行脱节”的现象。1941 年 5 月，毛泽东在《改造我们的学习》中对教条主义进行了严厉批判：“他们违背了马克思、恩格斯、列宁、斯大林所谆谆告诫人们的一条基本原则：理论和实际统一。”① 毛泽东认为主观主义作风，“是党性不纯的一种表现”②。在《整顿党的作风》一文中，毛泽东给出了解决理论与实践脱节的办法：“拿一句通俗的话来讲，就是有的放‘矢’。‘矢’就是‘箭’，‘的’就是靶，放箭要对准靶。马克思列宁主义和中国革命的关系，就是箭和靶的关系。”③ 通过延安整风，教条主义和经验主义在党内的影响力被有效祛除。在 1945 年《论联合政府》的报告中，毛泽东将理论和实践相结合、和人民群众紧密地联系在

①《毛泽东选集》第 3 卷，人民出版社 1991 年版，第 798 页。
②《毛泽东选集》第 3 卷，人民出版社 1991 年版，第 800 页。
③《毛泽东选集》第 3 卷，人民出版社 1991 年版，第 820 页。

一起、自我批评作为中国共产党的三大作风，标志着实事求是思想路线在全党已经确立。

在社会主义革命和建设时期，毛泽东撰写了《论十大关系》《关于正确处理人民内部矛盾的问题》等理论文章，进一步丰富和发展了实事求是思想。波匈事件发生后，毛泽东强调："特别值得注意的是，最近苏联方面暴露了他们在建设社会主义过程中的一些缺点和错误。"[①] 他明确表示对于苏联社会主义建设的经验和教训要充分吸收，不能简单模仿，在《论十大关系》一文对在社会主义建设中如何探索符合本国情的发展道路进行了深入思考，并在《关于正确处理人民内部矛盾的问题》一文中提出了正确区分和处理两类不同性质矛盾的学说，为正确认识社会主义社会的内部矛盾提供了指南。

二、毛泽东对实事求是命题的马克思主义改造

在继承中国古代传统文化实事求是概念的基础上，毛泽东将辩证唯物主义认识论、辩证法、唯物论运用到对实事求是

①《毛泽东文集》第 7 卷，人民出版社 1999 年版，第 23 页。

的解释当中，赋予了实事求是新的语义内涵，完成了对实事求是命题的马克思主义改造，使其转变为集马克思主义认识论、实践论、价值观于一体的全新哲学命题。

第一，用辩证唯物主义认识论改造传统实事求是命题。实事求是本来是一个关于文献考据的成语，毛泽东对它进行了重新阐释："'实事'就是客观存在着的一切事物，'是'就是客观事物的内部联系，即规律性，'求'就是我们去研究。"[①]毛泽东将"实事"明确地界定为"客观存在着的一切事物"，即实事求是以唯物主义思想为基础。"求是"也不能单纯地停留在判断是非对错上，关键还是要把握客观事物的内部联系，即规律性。

"求"，并非静态概念而是动态过程，要求在实践的基础上，实现从感性到理性认识的深化，进而把握事物本质。中国古代和近代哲学家们由于不懂得人类认识是基于实践而由浅入深地发展的辩证道理，因此或不能正确解决认识发展两个阶段的关系，或不能正确解决检验真理的标准问题。但马克思主义的认识论说明了认识与实践循环往复、无限上升的

①《毛泽东选集》第3卷，人民出版社1991年版，第801页。

发展过程："这种基于实践的由浅入深的辩证唯物论的关于认识发展过程的理论，在马克思主义以前，是没有一个人这样解决过的。"[①]

在《实践论》中，毛泽东不仅科学地论述了实践是认识的唯一源泉，是检验真理的唯一标准，是认识的终极目的，而且系统论述了"基于实践的由浅入深的辩证唯物论的关于认识发展过程的理论"，为人们在实事求是的过程中如何"求"是，即如何认识客观规律指明了方向。毛泽东认为："实践、认识、再实践、再认识，这种形式，循环往复以至无穷，而实践和认识之每一循环的内容，都比较地进到了高一级的程度。这就是辩证唯物论的全部认识论，这就是辩证唯物论的知行统一观。"[②] 毛泽东巧妙地将认识与实践的循环往复、螺旋式上升运用到实事求是的解释当中，实现了中国传统知行观的逻辑嵌入，从认识论层面完成了对实事求是的升级改造。

第二，用唯物辩证法改造传统实事求是命题。1941 年 9

---

①《毛泽东选集》第 1 卷，人民出版社 1991 年版，第 286 页。

②《毛泽东选集》第 1 卷，人民出版社 1991 年版，第 297—298 页。

月，毛泽东在《反对主观主义和宗派主义》一文中谈到如何克服主观主义时指出：“要用分析的方法来解决问题。”“我们要用分析和综合的方法，从整个事物中抽出问题来作分析，再加以综合。”[①]在实事求是的过程中，要做到分析与综合的结合，就必须深刻地把握住唯物辩证法，善于观察和分析各种事物的矛盾运动，并提出解决矛盾的方法。毛泽东指出：“矛盾的普遍性或绝对性这个问题有两方面的意义。其一是说，矛盾存在于一切事物的发展过程中；其二是说，每一事物的发展过程中存在着自始至终的矛盾运动。”[②]毛泽东运用矛盾普遍性的原理观察各种社会形态，指出社会主义社会也存在矛盾，必须将正确地处理人民内部矛盾和正确地处理敌我矛盾区分开来，这是他对马克思主义矛盾学说的创造性贡献。

矛盾的特殊性，是指矛盾虽然是普遍存在的，但各种现实的矛盾都是具体的，是依一定的时间、地点和条件而存在的。在《矛盾论》中，毛泽东从七个方面对矛盾的特殊性进行了透彻的分析，从辩证法的角度将这一公式表述为个别、

①《毛泽东文集》第 2 卷，人民出版社 1999 年版，第 375 页。
②《毛泽东选集》第 1 卷，人民出版社 1991 年版，第 305 页。

一般、个别："就人类认识运动的秩序说来，总是由认识个别的和特殊的事物，逐步地扩大到认识一般的事物。"[①]实事求是蕴含着对矛盾普遍性和特殊性关系的科学认知，要求认识事物从个别到一般，再从一般到个别，是对唯物辩证法的科学运用。

第三，用历史唯物论改造传统实事求是命题。马克思主义认为，人民群众是创造历史的主体。毛泽东用历史唯物论改造传统的实事求是命题，最为突出的表现是将群众观点、群众路线与实事求是统一起来。

毛泽东在《为人民服务》一文中指出："我们这个队伍完全是为着解放人民的，是彻底地为人民的利益工作的。"[②]中国共产党作为中国无产阶级的先锋队，这一性质决定了它和全体人民的根本利益是完全一致的，"我们的责任，是向人民负责"[③]。有了一切为了人民利益、一切向人民负责的思想境界，才能敢于坚持真理、修正错误，敢于坚持实事求是。毛泽东

①《毛泽东选集》第1卷，人民出版社1991年版，第309页。
②《毛泽东选集》第3卷，人民出版社1991年版，第1004页。
③《毛泽东选集》第4卷，人民出版社1991年版，第1128页。

一向注重人民群众的力量，认为:“群众是真正的英雄，而我们自己则往往是幼稚可笑的。”[①]

“从群众中来，到群众中去”是党的群众路线的简单概括，是毛泽东用历史唯物论改造传统实事求是命题的又一具体表现。毛泽东指出:“在我党的一切实际工作中，凡属正确的领导，必须是从群众中来，到群众中去。”“如此无限循环，一次比一次地更正确、更生动、更丰富。这就是马克思主义的认识论。”[②]在这个过程中，毛泽东将群众路线和马克思主义的认识路线完全统一起来了。“从群众中来，到群众中去”，“再从群众中集中起来，再到群众中坚持下去”的无限循环过程，与《实践论》所说的“实践、认识、再实践、再认识”，和《矛盾论》所说的个别、一般、个别是完全一致的，它们实际上是同一过程的不同表述方式。

①《毛泽东选集》第3卷，人民出版社1991年版，第790页。
②《毛泽东选集》第3卷，人民出版社1991年版，第899页。

三、实事求是是马克思主义中国化的理论基础

以毛泽东同志为主要代表的中国共产党人确立了实事求是的思想路线，在领导中国革命和建设的征途中，从思想路线和思想方法上解决了如何将马克思主义中国化的问题，实现了马克思列宁主义同中国实际相结合的第一次历史性飞跃，创立了毛泽东思想。

实事求是，首要问题是要一切从实际出发，中国的国情与历史就是中国革命最需要搞清楚的问题。毛泽东指出："认清中国的国情，乃是认清一切革命问题的基本的根据。"①他在明确肯定中国还是一个"经济落后的半殖民地"的社会、并对中国社会各阶级的经济地位及其革命态度进行分析之后得出结论："一切勾结帝国主义的军阀、官僚、买办阶级、大地主阶级以及附属于他们的一部分反动知识界，是我们的敌人。工业无产阶级是我们革命的领导力量。一切半无产阶级、小资产阶级，是我们最接近的朋友。那动摇不定的中产阶级，

①《毛泽东选集》第2卷，人民出版社1991年版，第633页。

其右翼可能是我们的敌人，其左翼可能是我们的朋友。”①

由此可见，毛泽东非常明确此时中国社会的性质依然是半殖民地半封建社会，不能越过民主革命的阶段而直接进行社会主义革命。以王明为代表的第三次“左”倾机会主义路线急于超越民主革命阶段，主张在民主革命阶段就要反对资产阶级以至上层小资产阶级。在革命力量还远未壮大之时，就将可能的同盟者作为革命对象推到了革命对立面，无疑相当不明智。1939 年 12 月，毛泽东和党内几位同志合作编写了《中国革命和中国共产党》，不仅明确了中国社会是“殖民地、半殖民地和半封建社会”，而且对革命的对象、任务、动力、性质和前途等问题作了科学论述，明确指出中国资产阶级革命已经是新民主主义革命。②在中国这样一个具有 5000 年绵延不绝文明史的国度，不了解中国历史，不了解中国传统文化显然无法深入认识中国。毛泽东在《改造我们的学习》中批评教条主义者时说：“在这种态度下，就是割断历史，只懂得希腊，不懂得中国，对于中国昨天和前天的面目

①《毛泽东选集》第 1 卷，人民出版社 1991 年版，第 9 页。
②《毛泽东选集》第 2 卷，人民出版社 1991 年版，第 647 页。

漆黑一团。”[1]

近代以来的中国国情极其复杂，一方面保留着自己的统治机构——晚清朝廷和北洋军阀政府，但帝国主义侵略日益加深，另一方面资本主义有了一定的发展，但是封建主义残余未能消除，不能正确认识上述国情，就会难以区别旧民主主义革命与新民主主义革命，就将难以分辨不同革命阶段谁是革命的同盟军，谁是革命的敌人，就会以急于求成的心态跨越革命阶段进行不符合实际的行动，形成错误的革命策略，这些都将对革命造成极大损害。

“越是民族的越是世界的。”[2]在推动马克思主义与中国具体实践相结合的过程中，毛泽东很早就意识到了这一点。中国共产党人坚信马克思主义的正确性，但绝不意味着忽视中华民族的优秀文化遗产，恰恰相反，是要求将马克思主义同中华优秀传统文化有机地结合起来，从而赋予马克思主义以民族形式。毛泽东在《中国共产党在民族战争中的地位》一文中指出：“洋八股必须废止，空洞抽象

---

①《毛泽东选集》第3卷，人民出版社1991年版，第799页。
②《习近平谈治国理政》第1卷，外文出版社2018年版，第179页。

的调头必须少唱，教条主义必须休息，而代之以新鲜活泼的、为中国老百姓所喜闻乐见的中国作风和中国气派。”[①]在赋予马克思主义以民族形式方面，毛泽东堪称光辉典范。他十分注意用中国古代成语、典故及哲学命题去阐释某些马克思主义哲学原理。例如，在谈到量变引起质变时，他说：“长袖善舞，多财善贾。韩信将兵。”[②]在谈到对立的统一及其互相渗透时，他又说：“良药苦口，同时却利于病；忠言逆耳，同时却利于行。”[③]在批评“均衡论”时，毛泽东说：“头痛医头，脚痛医脚，所谓补直垮漏的办法，结局将使大局溃败。”[④]

马克思主义是普遍真理，但当马克思主义的普遍真理与某个国家和民族的实践相结合时，就必须通过一定的民族形式来进行传播，否则就会演变为干瘪无趣的理论教条，丧失对本民族受众的亲和力。在中国这样一个拥有 5000 年文明

①《毛泽东选集》第 2 卷，人民出版社 1991 年版，第 534 页。
②《毛泽东哲学批注集》，中央文献出版社 1988 年版，第 57—58 页。
③《毛泽东哲学批注集》，中央文献出版社 1988 年版，第 78 页。
④《毛泽东哲学批注集》，中央文献出版社 1988 年版，第 103 页。

史的国度，马克思主义理论只有同中华优秀传统文化紧密结合在一起，被赋予民族特色，才会具有强大的生命力，这正是实事求是对待马克思主义的问题。要将马克思主义的普遍真理运用于各个国家的实践，就必须从中找出普遍真理与各国实践之间的最佳结合点和具体实现形式，然而教条主义者不懂得这个道理。毛泽东曾经批判："我们的教条主义者是懒汉，他们拒绝对于具体事物做任何艰苦的研究工作，他们把一般真理看成是凭空出现的东西，把它变成为人们所不能够捉摸的纯粹抽象的公式，完全否认了并且颠倒了这个人类认识真理的正常秩序。"[①]对于教条主义的沉痛教训，毛泽东深刻指出，教条主义如同"留声机"，"机械地生吞活剥地把外国的东西搬到中国来，不研究中国的特点。不研究中国的特点，而去搬外国的东西，就不能解决中国的问题"[②]。

毛泽东不仅强调要将马克思主义普遍真理运用于中国具体实践，同时也强调要注意总结中国革命经验，将其上升到理论高度。在《反对主观主义和宗派主义》一文中，毛泽东

①《毛泽东选集》第2卷，人民出版社1991年版，第310页。

②《毛泽东文集》第2卷，人民出版社1993年版，第407页。

强调："要使中国革命丰富的实际马克思主义化。"[①] 实质上是要求把中国革命丰富的实践经验上升到马克思主义的理论高度，以求得革命之"是"。在毛泽东看来，衡量一个革命政党马克思主义理论水平的高低，主要的不是看其党员读了多少马列著作，而是要看这个党能否把丰富的革命实践升华至理论高度。毛泽东指出，经验主义者"沾沾自喜于一得之功和一孔之见"[②]，不是我们需要的理论家，"科学的态度是'实事求是'，'自以为是'和'好为人师'那样狂妄的态度是决不能解决问题的"[③]。

马克思主义作为人类认识和改造世界的普遍真理，要在中国这样一个国情复杂、历史底蕴深厚的国度落地生根、开花结果自然难以一帆风顺。当面临教条主义和经验主义的束缚时，实事求是就更加凸显其重要价值。坚持实事求是的思想路线，能够有效避免以普遍教条指导特殊实践的教条主义错误，也能够避免只顾一时一地经验、拒绝将其上升为规律

①《毛泽东文集》第2卷，人民出版社1993年版，第374页。
②《毛泽东选集》第1卷，人民出版社1991年版，第291页。
③《毛泽东选集》第2卷，人民出版社1991年版，第662—663页。

性认识的经验主义错误，从而能够有力地推进马克思主义中国化的历史进程。

四、实事求是思想路线的确立在中国近现代思想史上的地位

实事求是思想路线的确立，实现了传统经世致用思想的转型与发展，是对“非此即彼”绝对主义思维方式的克服与超越。

近代以来，中国陷入半殖民地半封建社会的深渊，志士仁人为了挽救民族危亡，思想上更加趋向于经世致用。经世致用思想发源于朱熹的“理学”，由明清之际的思想家王夫之、顾炎武等提出，指出学问必须有益于国事。鸦片战争以后，民族危机日益加深，使先进知识分子产生了更加强烈的经世致用思想。魏源的《海国图志》、姚莹的《康辅纪行》、何秋涛的《朔方备乘》均为经世致用的代表之作。太平天国运动之后，清廷内部产生了洋务派，在中央以恭亲王奕䜣、文祥为首；在地方则以镇压太平天国起家的曾国藩、李鸿章、左宗棠、张之洞为代表，以“自强”和“求富”为口号，相继开办了安庆内军械所、江南制造总局、福州船政局、汉阳

铁厂等军事和民用企业，但是他们的思想依然停留在依靠学习西方先进科学技术来维护封建统治秩序的层面，技术与制度的全面脱节将让“用”与“体”之间南辕北辙。其实早在1861年，冯桂芬就在《校邠庐抗议》中提出“以中国伦常名教为根本，辅以诸国富强之术”，“中体西用”遂为之发轫，此后甲午战争清廷战败，洋务运动宣告破产，“中体西用”宣告失败，尽管1898年张之洞在《劝学篇》中提出“旧学为体，新学为用”，“中学为内学，西学为外学；中学治身心，西学应世事”[①]，但已然没有多少市场了。

“中体西用”思想作为近代以来经世致用思想发展的重要阶段，是传统经世致用思想发展的顶点，但是由于无法突破传统封建制度的局限性，因而不能推动经世致用真正跨越封建体制的藩篱，也不可能跨越“体”“用”之别。毛泽东曾经对“中体西用”论进行过批判，认为尽管“那时有一种‘办学堂’‘办自治’‘请开议会’的风气，寻其根柢，多半凑热闹而已。凑热闹成了风，人人思想界，便不容易引入实际去

---

① ［清］张之洞著，李忠兴评注：《劝学篇》，中州古籍出版社1998年版，第96页。

研究实事和真理了”[1]。只有实事求是思想路线，成功跨越了“体”“用”关系的界限，找到了救国救民的良方，真正改变了中国命运，经世致用思想才得以脱离时代束缚，实现了新的跨越。

传统的经世致用思想在形态上不论如何变化，都没有改变其维护封建统治之体的根本目的，因而它只主张从“器物”层面进行改革，而反对从体制方面进行根本性革新。近代以来的经世致用思想提出学习西方先进的科学制度，主张“师夷长技以制夷”，本身已经是对传统“夷夏观”的重大变革，“中学为体，西学为用”更是从“体”“用”层面来处理东西方制度与科技的关系，体现了对西方文化的极大包容。但是传统的经世致用思想忽视了封建制度已经不能适应时代发展潮流的弊端，因此在不改变根本制度的情况下对封建体制采取的任何修补与改造都将无济于事。只有正视世界发展的潮流，深入分析中国国情，将马克思主义同中国具体实际相结合，在变革中国传统制度的同时学习西方先进的科学技术，才能做到两者互相促进。

①《毛泽东早期文稿》，湖南出版社 1990 年版，第 363 页。

近代以来，中国迭遭西方欺凌，与中华民族历史上曾经拥有过的辉煌历史形成了强烈反差，导致部分探索救国救民道路的志士仁人有着强烈的危机意识与焦虑心理，即希望中国在短时间内改变贫穷落后的命运，这在思想路线上体现为绝对主义，表现形式就是“全盘西化”和“东方文化救世论”。

对于中国传统文化，“全盘西化论”认为其无丝毫可取之处。在新文化运动中，钱玄同、吴稚辉等人甚至还提出“废汉字”的激烈言论。胡适等人在《我们对于西洋近代文明的态度》等文章中，指斥东方民族是：“又愚又懒的民族，不能征服物质，便完全被压死在物质环境之下，成了一分像人九分像鬼的不长进民族。”[①]

第一次世界大战之后，西欧饱受战争摧残，很多久负盛名的城市沦为废墟，西欧文明饱受诟病，此时“东方文化救世论”的声音泛起，其对中国传统文化的态度又走向了另一个极端。1920年，梁启超等人游历欧洲，认为现代西方文明弊端重重，只有中国智慧才是救世良方。1922年，“东方文

---

① 《胡适作品集》第2卷，(台北)远流出版公司1986年版，第10—11页。

化派”代表人物梁漱溟出版《东西文化及其哲学》，声称在不远的将来，世界文化都将走“孔家的路”。

“全盘西化”和“东方文化救世论”的争论，体现了近代以来社会思潮演变的复杂性。两种极端化的思维方式实质反映了当时的中华民族心理还远未走上理性和成熟阶段，也从另外一个侧面说明了实事求是思想路线的必要性。对待中国传统文化，在实事求是基础上坚持批判地继承才是正确的方式，对此毛泽东指出："我们是马克思主义的历史主义者，我们不应当割断历史。从孔夫子到孙中山，我们应当给以总结，承继这一份珍贵的遗产。”[①] 对于西方文化，毛泽东指出："一切外国的东西，如同我们对于食物一样，必须经过自己的口腔咀嚼和胃肠运动，送进唾液胃液肠液，收其精华，把它分解为精华和糟粕两部分，然后排泄其糟粕，吸收其精华，才能对我们的身体有益，决不能生吞活剥地毫无批判地吸收。”[②]

由此可见，实事求是的思想路线帮助我们扭转了近代思想发展过程中“全盘西化”和“东方文化救世论”的极端化

①《毛泽东选集》第 2 卷，人民出版社 1991 年版，第 534 页。
②《毛泽东选集》第 2 卷，人民出版社 1991 年版，第 707 页。

倾向，改变了急于求成和急功近利的心态，转变了文化上的二元对立思维。对东西方文明进行批判的继承和有选择的学习借鉴，很大程度上矫正了国人绝对主义的思维方式，促进民族心理走上理性和成熟，是中华民族心理建设转型的重大契机。

实事求是思想路线的确立在中国近现代思想史上占据着重要地位，是马克思主义基本原理同中国具体实际相结合、同中华优秀传统文化相结合的典范。毛泽东通过运用辩证唯物主义和历史唯物主义，对实事求是这一中国历史上具有深厚文化底蕴的概念进行内涵重建与语义重构，将其由传统的思想与哲学概念上升为中国共产党的思想路线，在中国近现代思想史上留下了浓墨重彩的印记和标志。

第二节

改革开放和社会主义现代化建设新时期实事求是思想路线的丰富和发展

党的十一届三中全会之后，我们党在改革开放和现代化建设实践中，恢复和发展了党的实事求是思想路线，将解放思想、实事求是同与时俱进相结合，坚持解放思想、实事求是、与时俱进，大力弘扬求真务实精神，丰富、发展、拓展了党的实事求是思想路线。

一、真理标准问题大讨论

从“文化大革命”结束到党的十一届三中全会召开之

前的两年中，面对纠正党的思想路线存在的严重阻碍，以邓小平同志为主要代表的中国共产党人开展真理标准问题大讨论，推动党逐步回归实事求是思想路线，对党和国家的历史发展进程产生了重大而深远的影响。

结束“文化大革命”为纠正党的思想路线提供了重要政治条件。当时一部分人提出和推行的“两个凡是”成为回归实事求是思想的严重阻碍。邓小平最早公开对“两个凡是”进行批评，1977 年 4 月 10 日尚未恢复领导职务的邓小平在给党中央的信中指出：“我们必须世世代代地用准确的完整的毛泽东思想来指导我们全党、全军和全国人民。”[①]对“两个凡是”进行含蓄的批评。此后，邓小平在不同场合多次对“两个凡是”进行公开批评和理论批判，指出“这是个重要的理论问题，是个是否坚持历史唯物主义的问题”[②]，揭露“两个凡是”在逻辑上的矛盾，重申了马克思列宁主义、毛泽东思想实事求是的观点。叶剑英、陈云、李先念、聂荣臻、徐向前等老一辈革命家非常赞成邓小平的观点，也坚决抵制“两个

①《邓小平年谱（1974—1997）》上册，中央文献出版社 2004 年版，第 26 页。
②《邓小平文选》第 2 卷，人民出版社 1994 年版，第 38 页。

凡是”。

这段时间里一些领域的拨乱反正已经开始，但每前进一步都十分艰难。很大一部分党员干部经过“文化大革命”的阵痛，开始深刻反思这一时期党的思想路线出现的各种问题，强烈呼吁重新树立实事求是的优良传统，重新确立实事求是的思想路线。在以邓小平为代表的老一辈革命家的大力坚持和积极推动下，一场判定检验历史实践是非标准的大讨论在理论界积极酝酿，党的实事求是思想路线迎来了重新确立的曙光。

随着拨乱反正的逐渐推进，党内一些理论工作者对“文化大革命”以来我们党内出现的错误思想进行了深刻剖析和反思，提出应当以马克思主义的实践标准来检验理论的正确性，在理论上重新回归了马克思主义的实践性。随着理论研究的不断深入，一场围绕真理标准问题的大讨论喷薄欲出。

1978 年 5 月 10 日，中央党校内部刊物《理论动态》刊发文章《实践是检验真理的唯一标准》；5 月 11 日，《光明日报》以特约评论员名义向全社会公开发表这篇文章，新华社随之进行了转发。这篇文章旗帜鲜明地提出，社会实践不仅是检验真理的标准，而且是检验真理的唯一标准。强调任何理论观点是否正确，没有例外都必须经过实践的检验才能作出结论。提出对“四人帮”设置的各种思想禁区“要敢于去触及，敢于去弄清是非”。《实践是检验真理的唯一标准》坚持马克思主义辩证唯物论和历史唯物论根本立场，有力地批判了个人崇拜和教条主义，在全国引发了广泛的关于真理标准问题的热烈讨论。

邓小平在关键时刻及时给予了真理标准问题大讨论坚决支持。1978 年 6 月 2 日，在全军政治工作会议上，邓小平系统阐述了毛泽东在新民主主义革命和社会主义建设各个不同历史时期关于实事求是的一系列重要论述，指出：“一些同志天天讲毛泽东思想，却往往忘记、抛弃甚至反对毛泽东同志的实事求是、一切从实际出发、理论与实践相结合的这样一个马克思主义的根本观点，根本方法。”[①] 进而，他指出实事求是是毛泽东思想的出发点和根本点，马克思列宁主义、毛泽东思想如果不同实际情况紧密结合，就会失去其生命力。邓小平在真理标准问题大讨论关键时期的一系列讲话，有力扭转了当时的不利形势。正是在邓小平等老一辈革命家的坚

①《邓小平文选》第 2 卷，人民出版社 1994 年版，第 114 页。

决支持下，真理标准问题大讨论在全国大多数地方顺利开展，为解放思想、重新确立党的实事求是思想路线发挥了重要的作用。

真理标准问题大讨论是一次伟大的思想解放运动，引导人民冲破了“两个凡是”的思想禁锢，开启了新时期思想解放之先河。经过真理标准问题大讨论，人们的思想逐渐从教条主义和个人崇拜的桎梏中解放出来。这场大讨论为结束当时思想徘徊局面、推动全面展开拨乱反正创造了思想条件，为党的十一届三中全会顺利召开作了思想理论储备，为我们党重新确立解放思想、实事求是思想路线奠定了思想基础和政治基础。

二、邓小平与党的实事求是思想路线的重新确立

面对异常复杂的政治局面，邓小平领导党和人民在重要历史关头冲破了“左”的思想的束缚，倡导全党重新恢复实事求是思想路线，对党的实事求是思想路线进行科学阐释，把解放思想与实事求是统一起来，开创了中国特色社会主义道路，为党的实事求是思想注入了新的内涵，对我们党重新

确立实事求是思想路线起到了至关重要的作用。正如习近平总书记所指出的："实事求是，是邓小平同志一生最重要的思想特点，也永远是中国共产党人应该遵循的思想方法。"①"党的十一届三中全会以来，由于我们党重新确立了解放思想、实事求是的思想路线，始终高度重视抓作风建设，始终高度重视保持党同人民群众的血肉联系，全党精神面貌和作风状况焕然一新，为改革开放和社会主义现代化建设顺利推进提供了重要保障。"②

"文化大革命"结束后，邓小平重新阐明了毛泽东一贯强调的实事求是、从实际出发的根本观点和根本态度，提出要完整准确地理解毛泽东思想，强调"我们提倡的实事求是，是马列主义、毛泽东思想的一个基本组成部分，因此提倡实事求是决不能离开马列主义、毛泽东思想的基本原理，决不能忽视毛泽东同志在这个问题上的伟大功绩。"③

邓小平精辟地指出实事求是是马克思主义的精髓、毛泽东

①《习近平著作选读》第1卷，人民出版社2023年版，第248页。
②《习近平著作选读》第1卷，人民出版社2023年版，第122—123页。
③《邓小平文选》第2卷，人民出版社1994年版，第278—279页。

思想的基本点，指出毛泽东之所以能够领导中国革命走向胜利，归根结底就是始终坚持了实事求是，提出“实事求是是马克思主义的精髓。要提倡这个，不要提倡本本”[①]。邓小平关于实事求是是毛泽东思想的精髓的一系列论述讲明了毛泽东思想的基本点就是实事求是[②]，阐明了实事求是在马克思列宁主义、毛泽东思想体系中的重要地位，指出了高举毛泽东思想旗帜就必须坚持实事求是，拨开了思想迷雾，使我们党在重大历史转折过程中避免了思想混乱，保持了大局稳定。

1978 年 12 月，邓小平在中央工作会议闭幕会上发表了《解放思想，实事求是，团结一致向前看》的历史性讲话，深刻阐明了解放思想对党的至关重要性，阐述了解放思想与实事求是的辩证关系，是我们党实事求是思想史上具有里程碑意义的重要文献。

邓小平深刻阐明了解放思想是关系党的生死存亡和前途命运的重大问题，指出“只有解放思想，坚持实事求是，一切从实际出发，理论联系实际，我们的社会主义现代化建设

①《邓小平文选》第 3 卷，人民出版社 1993 年版，第 382 页。
②《邓小平文选》第 2 卷，人民出版社 1994 年版，第 126 页。

才能顺利进行，我们党的马列主义、毛泽东思想的理论也才能顺利发展”[①]。

邓小平深刻论述了解放思想与实事求是的辩证关系，阐明了解放思想是实事求是的前提，实事求是是解放思想的根本目的，强调我们党只有做到了解放思想才能实事求是，只有实事求是才是真正的解放思想。他指出：“我们讲解放思想，是指在马克思主义指导下打破习惯势力和主观偏见的束缚，研究新情况，解决新问题。”[②]“解放思想，就是使思想和实际相符合，使主观和客观相符合，就是实事求是。”[③]

邓小平提出实事求是解决遗留问题，是为了团结一致向前看。他认为解决好历史遗留下来的问题，是解放思想的需要，也是安定团结的需要，对过去搞错了的东西必须尽快实事求是予以改正，强调分清一些人的历史功过，纠正一批重大冤假错案，目的正是向前看，正是为了顺利实现全党工作重心的转变。

①《邓小平文选》第 2 卷，人民出版社 1994 年版，第 143 页。
②《邓小平文选》第 2 卷，人民出版社 1994 年版，第 279 页。
③《邓小平文选》第 2 卷，人民出版社 1994 年版，第 364 页。

正确评价中华人民共和国成立以来党的历史问题，特别是正确评价毛泽东和毛泽东思想，关系到中国社会主义的前途命运。在历史转折关头，邓小平领导全党以实事求是的科学态度对毛泽东和毛泽东思想进行了全面科学的历史评价，作出《关于建国以来党的若干历史问题的决议》，在全党统一了思想，为开创中国特色社会主义道路奠定了思想基础。

邓小平实事求是、恰如其分地肯定了毛泽东的伟大历史功绩。邓小平强调必须科学地历史地看待“文化大革命”，必须实事求是、恰如其分地评价毛泽东的历史功绩和晚年错误。他指出：“毛泽东同志在他的一生中，为我们的党、国家和人民建立了不朽的功勋。他的功绩是第一位的，他的错误是第二位的。”①“毛泽东同志在长期革命斗争中立下的伟大功勋是永远不可磨灭的。”②极大地维护了毛泽东的领袖地位和形象，在重大历史转折中有力地统一了全党思想。

邓小平实事求是地分析了毛泽东晚年出现错误的原因，指出对我们党和毛泽东晚年错误“一定要毫不含糊地进行

①《邓小平文选》第2卷，人民出版社1994年版，第334页。

②《邓小平文选》第2卷，人民出版社1994年版，第148页。

批评，但是一定要实事求是，分析各种不同的情况”[1]，不能“过头”，不能违背历史事实，不能给毛泽东抹黑。他指出毛泽东晚年出现错误的原因就在于背离了他自己一贯倡导的实事求是原则，“毛泽东同志的错误在于违反了他自己正确的东西”[2]。通过对毛泽东晚年错误原因的科学分析，我们党进一步明确了实事求是是毛泽东思想的活的灵魂，有利于更好地坚持毛泽东思想。

邓小平始终强调“毛泽东思想这个旗帜丢不得。丢掉了这个旗帜，实际上就否定了我们党的光辉历史”[3]，提出我们不但要恢复毛泽东思想，坚持毛泽东思想，还要在新的历史条件下继续发展毛泽东思想。邓小平主持的对毛泽东思想的实事求是的评价，进一步巩固了毛泽东思想的指导地位，为党在新时期提供了正确的指导思想。

邓小平从马克思主义世界观出发论证了实事求是的理论逻辑，指出毛泽东所讲的实事求是本质上就是马克思主义辩

①《邓小平文选》第2卷，人民出版社1994年版，第301页。
②《邓小平文选》第2卷，人民出版社1994年版，第298页。
③《邓小平文选》第2卷，人民出版社1994年版，第298页。

证唯物主义与历史唯物主义，“实事求是，是无产阶级世界观的基础，是马克思主义的思想基础”[①]，“从实际出发，实事求是，这是我们唯物主义者的根本立场”[②]。如果反对实事求是，反对理论与实践结合，就背离了辩证唯物主义与历史唯物主义，就只能是唯心主义和形而上学。

邓小平在准确把握毛泽东思想核心要义的基础上，提出了“实事求是”是无产阶级世界观的重要论断，阐明了我们党的实事求是思想与马克思主义哲学的辩证唯物主义与历史唯物主义的一致性，把实事求是提高到了世界观的高度，论证了实事求是是世界观与方法论的统一，丰富和发展了实事求是思想。

邓小平在继承、坚持毛泽东实事求是思想基础上，对实事求是思想路线进行了进一步的深入阐述，明确将党的思想路线概括为“实事求是的思想路线”，指出：“实事求是，一切从实际出发，理论联系实际，坚持实践是检验真理的标准，

①《邓小平文选》第 2 卷，人民出版社 1994 年版，第 143 页。
②《邓小平文选》第 1 卷，人民出版社 1994 年版，第 244 页。

这就是我们党的思想路线。”①

邓小平将毛泽东反复论述的实事求是、一切从实际出发、理论联系实际、坚持实践是检验真理的标准等重要思想紧密联系起来，共同作为党的思想路线的内涵，构成一个结构和逻辑严密的整体，使党的实事求是思想路线的要求更加清晰和具体，极大地坚持、丰富和发展了党的实事求是思想路线。

党的十二大之后，以邓小平同志为主要代表的中国共产党人紧紧抓住建设有中国特色社会主义这个主题，把解放思想、实事求是作为推进改革开放和现代化建设的强大思想动力，坚持实践标准与生产力标准相统一，坚持解放思想与实事求是相统一，坚持不搞空洞的理论争论，实事求是地作出和平与发展是当代世界的两大问题、发展是核心问题的重大判断，坚持推进改革开放，利用一切有利条件，一心一意搞现代化建设，在新的实践中坚持和不断丰富发展实事求是思想路线，创立了邓小平理论。

以邓小平同志为主要代表的中国共产党人重新确立党的实事求是思想路线，作出把党和国家工作中心转移到经济建

①《邓小平文选》第2卷，人民出版社1994年版，第278页。

设上来、实行改革开放的历史性决策，深刻揭示解放和发展社会生产力是社会主义本质，确立社会主义初级阶段基本路线，明确提出走自己的路、建设中国特色社会主义，制定了到 21 世纪中叶分三步走、基本实现社会主义现代化的发展战略，科学回答了建设中国特色社会主义等一系列基本问题，成功开创了中国特色社会主义。这些重大思想理论和实践，使 20 世纪的中国又一次发生了翻天覆地的变化。

三、江泽民与实事求是思想路线的继承发展

江泽民在党的十六大报告中指出：“坚持党的思想路线，解放思想、实事求是、与时俱进，是我们党坚持先进性和增强创造力的决定性因素。”[①]这一论述，揭示了与时俱进与解放思想、实事求是的内在联系，进一步丰富、拓展了党的思想路线。

与时俱进由来已久。1910 年，蔡元培在《中国伦理学史》中，用西洋学说的“与时俱进”批判了清朝末年中国思

①《江泽民文选》第 3 卷，人民出版社 2006 年版，第 537 页。

想文化界抱残守缺、故步自封的局面。20 世纪 80 年代末以来，随着国际国内形势发生的巨大变化，必须“要根据新的实践要求，重新学习，不断创新，与时俱进”①。1997年9月，江泽民在党的十五大上强调，要“以我国改革开放和现代化建设的实际问题、以我们正在做的事情为中心，着眼于马克思主义理论的运用，着眼于对实际问题的理论思考，着眼于新的实践和新的发展”②。2001 年 7 月，江泽民在庆祝中国共产党成立 80 周年大会上进一步指出：“马克思主义具有与时俱进的理论品质。”③ 2002 年 4 月和 5 月，江泽民在西安和四川考察时的讲话中，把“与时俱进”同“解放思想、实事求是”思想路线联系起来加以论述，强调“既要坚持坚定正确的政治方向，又要与时俱进、开拓创新”④。同年5月，江泽民在在中央党校省部级干部进修班毕业典礼上指出：“坚持解放

①《江泽民文选》第 1 卷，人民出版社 2006 年版，第 256 页。
②《江泽民文选》第 2 卷，人民出版社 2006 年版，第 12 页。
③《江泽民论有中国特色社会主义（专题摘编)》，中央文献出版社 2002 年版，第 631 页。
④《江泽民论有中国特色社会主义（专题摘编)》，中央文献出版社 2002 年版，第 633 页。

思想、实事求是的思想路线，弘扬与时俱进的精神，是党在长期执政条件下保持先进性和创造力的决定性因素。”[①]2002年11月，党的十六大正式把“与时俱进”同解放思想、实事求是并提。

与时俱进作为党的思想路线的新范畴，既从解放思想、实事求是中获得其本质规定性，又从时代性高度把解放思想、实事求是提升到新水平。

江泽民指出：“与时俱进，就是党的全部理论和工作要体现时代性，把握规律性，富于创造性。”[②]这是对与时俱进科学内涵新的全面概括。“体现时代性”，就是要科学把握时代发展的基本特征和趋势，把国情与世情相结合、把现在与未来相结合，体现时代特点、反映时代进步。“把握规律性”，就是要不断探索、理解和掌握社会主义现代化事业客观规律，不断摒弃既有的错误观念、矫正原有的认识偏差，实现主客观相统一。“富于创造性”，就是将理论与实际相结合，创

①《江泽民论有中国特色社会主义（专题摘编）》，中央文献出版社2002年版，第635页。
②《江泽民文选》第3卷，人民出版社2006年版，第537页。

造性地开展工作，从而推动社会的全面进步和人自身的全面发展。

解放思想、实事求是是中国共产党在革命、建设和改革的不同历史时期或阶段提出来的，是指导我们党开展工作的总的思想原则。而与时俱进是我们党对待理论、事业和自身的根本态度和要求，是马克思主义实践观在党的全部活动中的生动反映。

首先，解放思想、实事求是是与时俱进的前提和基础。与时俱进的根本要求，就是理论和实践会随着时间的推移和时代的发展而不断更新和变化，也就是要顺应时势，跟上时代。要做到这一点，就是要使思想与实际、主观与客观相符合，也就是解放思想、实事求是。如果不解放思想，死守条条框框，就会在时代和形势发生转换变化时故步自封、抱残守缺，也就不能合“时”；如果不实事求是，不从实际出发，就会陷于主观主义的泥淖，也就会因脱离实际而不能造“时”。

其次，与时俱进是解放思想、实事求是的要求和结果。与时俱进的落脚点在“进”字，也就是适应时代变化要求而“前进”。时代在发展、社会在进步，客观世界总是处于不断的发展变化中。只有坚持与时俱进，才能做到解放思想、实事求是。

最后，与时俱进具有鲜明的时代特点。与时俱进与解放思想、实事求是不仅具有内在的统一性，而且具有显著的时代特点。它深刻表达了我们党遵循社会运动客观规律的自觉性和探索中国特色社会主义建设规律的主观能动性，体现了我们党坚持推动社会发展与尊重人民主体地位的一致性。

党的十三届四中全会以来，以江泽民同志为主要代表的中国共产党人高举邓小平理论伟大旗帜，坚持解放思想、实事求是、与时俱进，中国特色社会主义事业取得一系列辉煌成就。

一是形成了“三个代表”重要思想。党的十三届四中全会以后，以江泽民同志为代表的中国共产党人高举邓小平理论伟大旗帜，坚持解放思想、实事求是的思想路线，以与时俱进的精神推进理论创新，形成了“三个代表”重要思想，深刻回答了在新的历史条件下“建设一个什么样的党、怎样建设党”这一重大命题，把马克思主义执政党建设理论推进到一个新阶段。

二是改革开放取得重大突破。面对国内经济政治出现的风波，以江泽民同志为主要代表的中国共产党人审时度势，坚持把发展作为主题，把改革作为途径，把稳定作为保证，坚持以经济建设为中心，深化改革开放。同时，采取有力措施，维护国家大局稳定，做到在维护社会政治稳定中推进改革和发展，通过改革发展实现社会大局稳定。

三是国民经济持续健康发展。改革开放推动了我国经济的持续快速健康发展。国内生产总值从 1989 年的 16909 亿元增长到 2001 年的 95933 亿元，年均增长 9.3%；人均 GDP 由 1512 元提高到 7543 元，年均增长 8.2%；外汇储备从 55.5 亿美元增加到 2122 亿美元，居世界第二位；国家财政收入不断增长，由 2664 亿元增长到 16386 亿元；许多重要工农业产品的产量跃居世界前列。

四是民主政治和精神文明建设成效显著。依法治国作为治国方略写进宪法，以宪法为核心的中国特色社会主义法律体系框架初步形成，公民法律意识明显增强；扩大基层民主的法律制度初步建立，村民自治制度普遍推行，基层民主进一步扩大；“两基”教育即基本普及九年义务教育和基本扫除青壮年文盲目标基本实现，高等教育毛入学率上升到 15%；科学知识进一步普及，科学精神进一步弘扬，科技实力大幅度提高；文学艺术、新闻出版、广播影视等事业全面发展，优秀作品不断涌现，广播、电视人口综合覆盖率分别达到92.9% 和 94.2%；全国各族人民的爱国热情和自豪感、凝聚力进一步增强。

四、胡锦涛与实事求是思想路线的丰富发展

胡锦涛指出：“求真务实，是辩证唯物主义和历史唯物主义一以贯之的科学精神，是我们党的思想路线的核心内涵，也是党的优良传统和共产党人应该具备的政治品格。我们党一贯倡导求真务实。”[①] 这一论述，揭示了求真务实的精神实质和实践指向，阐明了求真务实与党的实事求是思想路线的内在关联，丰富和发展了党的实事求是思想路线。

“求真务实”是中国共产党人的一贯作风，也是胡锦涛一直倡导的工作作风。1997 年 6 月，胡锦涛在纪念中国共产党成立 76 周年座谈会上的讲话中指出：“要在我们党内努力创造一种认真学习的风气、民主讨论的风气、积极探索的风气、

①《胡锦涛文选》第 2 卷，人民出版社 2016 年版，第 151 页。

求真务实的风气。”[①]党的十六大以来，面对国际国内形势出现的新变化，以胡锦涛同志为主要代表的中国共产党人进一步将“求真务实”从一种作风要求提升到思想路线的战略高度。2004年1月，胡锦涛在中共第十六届中央纪律检查委员会第三次全体会议上指出：“求真务实，是辩证唯物主义和历史唯物主义一以贯之的科学精神，是我们党的思想路线的核心内涵，也是党的优良传统和共产党人应该具备的政治品格。”[②]2007年10月，胡锦涛在党的十七大报告中再次强调要“以求真务实作风推进各项工作”[③]。2012年11月，胡锦涛在党的十八大报告中明确指出：“解放思想、实事求是、与时俱进、求真务实，是科学发展观最鲜明的精神实质。”[④]

求真务实是党的思想路线的核心内涵，既体现了党的思想路线的本质特征，又结合新的时代特征和实践要求，对党的思想路线的内涵予以丰富和发展。

①《胡锦涛文选》第1卷，人民出版社2016年版，第264页。
②《胡锦涛文选》第2卷，人民出版社2016年版，第151页。
③《胡锦涛文选》第2卷，人民出版社2016年版，第656页。
④《胡锦涛文选》第3卷，人民出版社2016年版，第619页。

胡锦涛指出，弘扬求真务实精神、大兴求真务实之风，关键是要引导全党同志不断“求我国社会主义初级阶段基本国情之真，务坚持长期艰苦奋斗之实；求社会主义建设规律和人类社会发展规律之真，务抓好发展这个党执政兴国的第一要务之实；求人民群众历史地位和作用之真，务发展最广大人民根本利益之实；求共产党执政规律之真，务全面加强和改进党的建设之实”[①]。这是对求真务实科学内涵的全面概括。

一是“求我国社会主义初级阶段基本国情之真，务坚持长期艰苦奋斗之实”。改革开放以来，我国社会生产力大大提高，人民生活全方位改善，但我国处于并将长期处于社会主义初级阶段的基本国情没有改变。我们党要完成历史和时代赋予的庄严使命，就必须永远保持和发扬艰苦奋斗精神。

二是“求社会主义建设规律和人类社会发展规律之真，务抓好发展这个党执政兴国的第一要务之实”。在长期的革命、建设和改革实践中，在对人类社会发展规律和社会主义建设规律的探索和实践中，我们党创立了毛泽东思想、邓小平理论，形成了“三个代表”重要思想。它们告诉我们，发展

①《胡锦涛文选》第 2 卷，人民出版社 2016 年版，第 156 页。

才是硬道理。只有坚持把发展作为党执政兴国的第一要务，坚持科学发展观，才能不断推进中国特色社会主义伟大事业。

三是“求人民群众历史地位和作用之真，务发展最广大人民根本利益之实”。人民是真正的英雄，是推动历史前进的根本动力。只有充分认识到人民群众的历史地位和作用，坚持人民立场，树牢群众观点，依靠群众、相信群众，从群众中来、到群众中去，我们党才能无往不胜、无坚不摧，中国特色社会主义事业才能兴旺发达。

四是“求共产党执政规律之真，务全面加强和改进党的建设之实”。中国共产党是最广大人民根本利益的代表，是为最广大人民服务的。不断地探求、认识共产党执政规律之真，就要坚持以改革创新精神加强党的建设新的伟大工程，坚持立党为公、执政为民，做到“权为民所用、情为民所系、利为民所谋”。

胡锦涛指出：“求真务实，是辩证唯物主义和历史唯物主义一以贯之的科学精神，是我们党的思想路线的核心内涵，也是党的优良传统和共产党人应该具备的政治品格。”[①] 这一

①《胡锦涛文选》第 2 卷，人民出版社 2016 年版，第 151 页。

论述，阐明了求真务实与解放思想、实事求是、与时俱进的内在关联。

首先，解放思想、实事求是、与时俱进是求真务实的首要前提。坚持解放思想、实事求是、与时俱进，就是使思想符合实际、主观符合客观。而做到这一点，就是求真的前提和基础。如果不解放思想、实事求是、与时俱进，就不能做到求真务实。

其次，求真务实是解放思想、实事求是、与时俱进的现实体现。认识世界、把握世界，最终要落实到改造世界上。只有这样，正确的认识、科学的理论、美好的蓝图，才能逐步演变为壮美的现实画卷。求真务实，充分体现了马克思主义的实践观点，是解放思想、实事求是、与时俱进现实的充分体现。

最后，求真务实与解放思想、实事求是、与时俱进统一于党的全部理论与实践。党的思想路线是我们共产党人认识世界、改造世界的基本思想方法。我们党之所以能取得革命、建设和改革事业的伟大胜利，归根到底，就在于我们党始终坚持解放思想、实事求是、与时俱进，坚持求真务实。解放思想、实事求是、与时俱进、求真务实，内在地统一于中国革命、建设和改革的全部理论和实践中。

党的十六大以来，面对国际形势的风云变幻和世界经济政治格局的重大调整，以胡锦涛同志为主要代表的中国共产党人高举中国特色社会主义伟大旗帜，发扬求真务实精神，不断推进理论创新和实践创新，开创了我国现代化建设新局面。

一是提出并形成了科学发展观。“发展才是硬道理”，但应该怎样发展？什么才是最好和最正确的发展？我们党积累了不少经验教训。党的十六大以来，以胡锦涛同志为主要代表的中国共产党人高瞻远瞩，求真务实，牢固树立全面、协调、可持续的发展观，不断促进经济社会和人的全面发展。党的十七大把科学发展观载入了党章，党的十八大将科学发展观确立为党的指导思想。

二是经济平稳较快发展。党的十六大以来，我们党抓住有利时机，弘扬求真务实精神，经受住了国际金融危机、世界经济衰退和一系列严重自然灾害的冲击，产业结构调整持续推进，城乡、区域结构逐步改善，生产效率大为改善，经济总量大幅增长，人民生活水平显著提升。

三是社会建设全面加强。主要表现在：科技事业迅速发展、成果丰硕，重要科学前沿和战略领域取得一批重大创新成果；教育事业全面发展，义务教育人口覆盖率达 100%、高等教育毛入学率从 15% 提高到 26.9%；文化事业和文化产品创作生产日益繁荣，文化产业迅速发展；城乡基本医疗卫生制度初步建立。

四是改革开放持续深化。基本经济制度进一步完善，国有经济的活力、控制力和影响力明显增强；鼓励、支持、引导非公有制经济发展的法制环境和市场环境得到进一步营造；财税体制改革迈出新步伐；农村综合改革、粮食流通体制改革、土地有偿使用制度改革等深入推进。

第四章

新时代党的实事求是思想路线的坚持和发展

习近平总书记指出：“实事求是是马克思主义的精髓，是我们共产党人的重要思想方法。我们过去取得的一切成就都是靠实事求是。今天，我们要把中国特色社会主义事业继续推向前进，还是要靠实事求是。”[①] 党的十八大以来，以习近平同志为核心的党中央创立了习近平新时代中国特色社会主义思想，坚持用马克思主义之“矢”去射新时代中国之“的”，着眼解决新时代改革开放和社会主义现代化建设的实际问题，不断回答中国之问、世界之问、人民之问、时代之问，作出符合中国实际和时代要求的正确回答，得出符合客观规律的科学认识，是实事求是思想的时代结晶，是与时俱进的党的创新理论成果。守正创新是党的实事求是思想路线的新时代表达，实现了党的实事求是思想路线的新发展。

① 习近平:《在纪念朱德同志诞辰 130 周年座谈会上的讲话》，人民出版社 2016 年版，第 9 页。

第一节

习近平新时代中国特色社会主义思想是实事求是思想的时代结晶

以习近平同志为核心的党中央坚持推进实事求是方法原则在新的时代背景、时代主题下的发展运用，守正创新，科学分析新时代中国发展实践的现实国情，立足“国之大者”之实，求强国建设、民族复兴之是；立足新发展阶段之实，求中国式现代化之是；立足人民民主专政之实，求全过程人民民主之是；立足社会主要矛盾新的转化之实，求人民美好生活之是；立足社会思想观念深刻变化之实，求立心铸魂之是；立足资源环境约束趋紧之实，求生态文明建设之是；立足大党独有难题之实，求全面从严治党之是；立足世界之变、时代之变、历史之变之实，求国家安全之是；立足世界百年未有之大变局之实，求构建人类命运共同体之是，推动党和国家事业取得历史性成就、发生历史性变革，是坚持和发展实事求是思想路线的典范。

一、立足“国之大者”之实，求强国建设、民族复兴之是

习近平总书记强调：“对国之大者要心中有数，关注党中央在关心什么、强调什么，深刻领会什么是党和国家最重要的利益、什么是最需要坚定维护的立场。”[①]所谓“国之大者”，就是事关全局、事关根本、事关未来、事关党和国家事业兴衰成败的根本大事。党的二十大报告关于“从现在起，中国共产党的中心任务就是团结带领全国各族人民全面建成社会主义现代化强国、实现第二个百年奋斗目标，以中国式现代化全面推进中华民族伟大复兴”[②]的庄严宣告，鲜明地表明了

①《习近平谈治国理政》第 4 卷，外文出版社 2022 年版，第 39 页。

② 习近平：《高举中国特色社会主义伟大旗帜　为全面建设社会主义现代化国家而团结奋斗——在中国共产党第二十次全国代表大会上的报告》，人民出版社 2022 年版，第 21 页。

“强国建设、民族复兴”这一全党全国人民的中心任务就是新征程上事关党和国家前途命运、事关人民根本利益的“国之大者”。

以习近平同志为核心的党中央深刻把握“国之大者”的本质属性与时代要求，紧紧围绕新征程上全党全国人民的中心任务，探索强国建设、民族复兴的基本规律与实现路径，彰显了新时代中国共产党人坚持实事求是思想路线，对实现国家富强、民族复兴、人民幸福崇高使命的深刻理解与不懈奋斗。一是坚持党的全面领导和加强党的建设，为强国建设、民族复兴提供坚强保证。抓牢坚持和加强党的全面领导这个根本，把党的领导落实到党和国家事业各领域、各方面、各环节，把党的创新理论转化为推进新时代中国特色社会主义伟大事业的实践力量，坚持全面从严治党永远在路上，确保党永远不变质、不变色、不变味。二是坚持人民至上，为强国建设、民族复兴凝聚磅礴力量。站稳人民立场，积极发展全过程人民民主，贯彻以人民为中心的发展思想，让现代化建设成果更多更公平地惠及全体人民，在推进全体人民共同富裕上取得了明显的实质性进展。三是坚持高质量发展，为强国建设、民族复兴奠定坚实基础。通过完整、准确、全面贯彻新发展理念构建新发展格局，促进科技自立自强能力提升，推动产业转型升级、城乡区域协调发展以及经济社会绿色化低碳化发展。四是坚持推进中国式现代化，为强国建设、民族复兴提供澎湃动力。在新中国成立特别是改革开放以来长期探索和实践的基础上，经过党的十八大以来在理论和实践上的创新突破，我们党成功推进和拓展了中国式现代化，为中华民族伟大复兴开辟了广阔前景。

概言之，习近平新时代中国特色社会主义思想立足事关党和国家前途命运、事关人民根本利益的“国之大者”，以高度的历史自觉探求全面建成社会主义现代化强国、全面推进中华民族伟大复兴之是，稳稳地接住了强国建设、民族复兴的接力棒，为全党全国各族人民在行动上同频共振、凝聚巨大发展合力指明了正确方向。

二、立足新发展阶段之实，求中国式现代化之是

习近平新时代中国特色社会主义思想立足于中华民族迎来从站起来、富起来到强起来的伟大飞跃的实际，围绕全面建设社会主义现代化国家、实现第二个百年奋斗目标的阶段

性中心任务，探索以中国式现代化全面推进中华民族伟大复兴的基本规律，彰显了我们党坚持实事求是思想路线，对社会主义建设规律认识达到新的高度。

正确认识所处的历史方位和发展阶段，是我们党明确阶段性中心任务、制定路线方针政策的根本依据，也是我们党领导革命、建设、改革不断取得胜利的重要经验。习近平总书记关于“进入新发展阶段明确了我国发展的历史方位”“是中华民族伟大复兴历史进程的大跨越”的重要论述，是对我国发展进程作出的重大战略判断。一方面，新发展阶段是社会主义初级阶段中的一个阶段，同时是经过几十年积累、站到了新的起点上的一个阶段；另一方面，新发展阶段是我们党带领人民迎来从站起来、富起来到强起来历史性跨越的新阶段。

如何立足新发展阶段之实，求得中国特色社会主义建设事业之是？以习近平同志为核心的党中央进一步深化对中国式现代化内涵和本质的认识，初步构建中国式现代化的理论体系，使中国式现代化更加清晰、更加科学、更加可感可行。首先，中国式现代化具有自己的根本性质。坚持中国共产党领导，是中国式现代化最鲜明的特征和最突出的优势，是推进中国式现代化必须坚持的根本原则。其次，中国式现代化具有自己的本质特征。“人口规模巨大”“全体人民共同富裕”“物质文明和精神文明相协调”“人与自然和谐共生”“走和平发展道路”这五个方面的中国特色，深刻揭示了中国式现代化的科学内涵。再次，中国式现代化是一个系统工程。党的十八大以来，以习近平同志为核心的党中央运用系统观念和系统方法，统筹推进“五位一体”总体布局、协调推进“四个全面”战略布局，经受住了来自政治、经济、意识形态、自然界等方面的风险挑战考验，党和国家事业取得历史性成就、发生历史性变革。最后，推进中国式现代化必须始终保持强大的战略定力。党的十八大以来，我们党始终保持战略清醒、战略自信、战略主动，坚持底线思维，居安思危、未雨绸缪，敢于斗争、善于斗争，通过顽强斗争打开了事业发展的新天地。

概言之，习近平新时代中国特色社会主义思想立足于新发展阶段的发展方位和发展目标之实，探求推进中国式现代化的理论和实践创新之是，是对中国特色社会主义建设和发展规律的深刻认识与准确把握，对于全党正确理解中国式现代化，在新征程上开创党和国家事业发展新局面具有重大意义。

三、立足人民民主专政之实，求全过程人民民主之是

中国特色社会主义进入新时代，面临错综复杂的国内形势，面对一些深层次体制机制问题，习近平新时代中国特色社会主义思想立足于我国人民民主专政的国体之实，一以贯之坚持实事求是思想路线，深刻反思中国特色人民民主的发展历史，深刻总结中国特色人民民主的显著优势，对中国特色人民民主的实现形态进行最新概括，找到了发展全过程人民民主这一社会主义民主政治发展之是。

党的二十大报告重申了我国宪法关于国体的基本规定，指出“我国是工人阶级领导的、以工农联盟为基础的人民民主专政的社会主义国家，国家一切权力属于人民”[①]。人民民主专政是无产阶级专政学说同中国具体实践相结合的产物，是对人民实行民主和对敌人实行专政的国家制度。人民民主不仅意味着民主主体广泛，更表明人民享有广泛的民主权利。

党的十八大以来，以习近平同志为核心的党中央立足人

---

① 习近平：《高举中国特色社会主义伟大旗帜　为全面建设社会主义现代化国家而团结奋斗——在中国共产党第二十次全国代表大会上的报告》，人民出版社2022年版，第37页。

民民主专政之实，持续探索如何把人民当家作主全过程、全方位地落到实处，创造性地提出发展全过程人民民主的新命题，并着力健全全面、广泛、有机衔接的人民当家作主制度体系，构建多样、畅通、有序的民主渠道，成功找到了发展全过程人民民主这一社会主义民主政治建设之是。一是加强人民当家作主制度保障。坚持用制度体系保障人民当家作主，通过坚持和完善包括我国根本政治制度、基本政治制度、重要政治制度等在内的制度体系，形成了全面、广泛、有机衔接的人民当家作主制度体系，确保全体人民能够在可运行、可操作的制度下规范行使民主选举、民主协商、民主决策、民主管理、民主监督等民主权利。二是全面发展协商民主。中国特色社会主义进入新时代，以习近平同志为核心的党中央在总结历史经验的基础上，对协商民主进行了总体安排与部署，大力推动协商民主广泛、多层、制度化发展，构建了程序合理、环节完整的协商民主体系。三是积极发展基层民主。党的十八大以来，以习近平同志为核心的党中央在全面把握基层民主与全过程人民民主内在逻辑与发展机理的基础上，积极发展基层民主，不断提升全过程人民民主的质量。四是巩固和发展最广泛的爱国统一战线。不断完善大统战工作格局，妥善处理好各个方面的关系，使政党关系、民族关系、宗教关系、阶层关系、海内外同胞关系和谐发展，各党派团体和各族各界人士实现了大团结大联合，宗教界人士和信教群众尊法学法守法用法意识不断增强，宗教与社会主义社会愈相适应。

概言之，习近平新时代中国特色社会主义思想立足人民民主专政国体之实，全面贯彻党的实事求是思想路线，准确把握人民民主的实现形态、鲜明特质、显著优势，探求发展全过程人民民主之是，是对社会主义民主政治发展规律以及人类政治文明发展规律的正确认识和把握，为新时代推进中国特色社会主义民主政治建设提供了根本遵循和正确指引，必将不断拓展社会主义民主乃至人类民主的发展空间与实践视野。

四、立足社会主要矛盾新的转化之实，求人民美好生活之是

党的十九大报告指出：“中国特色社会主义进入新时代，我国社会主要矛盾已经转化为人民日益增长的美好生活需要

和不平衡不充分的发展之间的矛盾。”[①]进入新时代，以习近平同志为核心的党中央立足于社会主要矛盾转化之实，一以贯之坚持实事求是思想路线，深刻把握我国不平衡不充分的发展现状和社会主要矛盾，带领人民追求和实现美好生活。

社会主要矛盾不是一成不变的，而是会随着实践的变化在历史发展进程中产生阶段性变化。在我国社会发展的不同历史时期和不同发展阶段，我们党依据现实情况的变化而不断深化对于社会主要矛盾的认识。社会主要矛盾已经转化为人民日益增长的美好生活需要和不平衡不充分的发展之间的矛盾，这一重大论断既反映出我国生产力摆脱落后状态的历史进步，又抓住了新时代社会主要矛盾的系统性与结构性特征，体现了我们党对社会主要矛盾主要方面的科学把握。

党的十八大以来，以习近平同志为核心的党中央一以贯之坚持实事求是思想路线，深刻把握我国社会主要矛盾转化所带来的社会主要任务、发展目的的历史性变化，将满足人民美好生活需要作为工作的出发点和落脚点，带领人民追求幸福美好生活。一是完善分配制度。在全国人民共同奋斗把

①《习近平谈治国理政》第 3 卷，外文出版社 2020 年版，第 9 页。

“蛋糕”做大的基础上，通过合理的制度安排，正确处理效率与公平的关系，把“蛋糕”分好。继续发挥初次分配的基础性作用，加大税收、社会保障、转移支付等方面的调节力度，建立健全第三次分配机制，使之相互协调、相互配套，共同推进共同富裕。二是实施就业优先战略。把促进就业放在经济社会发展的优先位置，推动我国就业工作取得历史性成就。当前，我们已经在14亿多人口的大国实现了比较充分的就业，就业质量稳步提高，成为经济发展、民生改善的重要支撑。三是健全社会保障体系。中国特色社会主义进入新时代以来，我国制度改革取得重要突破，社会保障制度统一性和规范性不断增强，覆盖范围不断扩大；社会保障能力持续增强，人民群众各项社保待遇水平稳步提高。四是推进健康中国建设。坚持把人民健康放在优先发展的战略位置，将健康中国建设上升为国家战略，使人民健康水平不断提高。

概言之，习近平新时代中国特色社会主义思想立足社会主要矛盾变化之实，一以贯之坚持实事求是的思想路线，回应人民对美好生活的不断追求，基于为了人民、造福人民的出发点和落脚点，探索满足人民美好生活之是，是对发展为了谁这一执政命题的实事求是回答。

五、立足社会思想观念深刻变化之实，求立心铸魂之是

新时代以来世情、国情、党情发生了深刻变化，社会思想观念和价值取向日趋活跃、主流与非主流并存、先进的和落后的相互交织、社会思潮纷纭激荡。在暗流汹涌的意识形态领域的斗争中，如何准确把握社会思想观念深刻变化的趋势，巩固马克思主义在意识形态领域的指导地位、培育和践行社会主义核心价值观，迫切需要新时代共产党人作出科学回答。党的十八大以来，以习近平同志为核心的党中央基于思想文化相互激荡、社会思想观念深刻变化这一“实”的科学研判和准确把握，将意识形态工作置于为国家立心、为民族立魂的高度，立破并举、激浊扬清，就意识形态领域的许多方向性、战略性问题作出部署，确立和坚持马克思主义在意识形态领域的根本指导地位，坚持和弘扬社会主义核心价值观，不断深化对意识形态工作规律这一“是”的认识，从根本上扭转了意识形态领域一度出现的被动局面，使我国意识形态领域形势发生了全局性、根本性的转变，巩固和发展了主流意识形态。

我们正在进行具有许多新的历史特点的伟大斗争，面临

的挑战和困难前所未有，必须认识和把握建设具有强大凝聚力和引领力的社会主义意识形态的基本规律，为新时代新征程上全党全国各族人民凝心聚魂、团结奋斗奠定共同思想基础。一是坚持马克思主义在意识形态领域指导地位的根本制度。把意识形态工作的领导权、管理权、话语权牢牢掌握在手中，全面落实意识形态工作责任制，巩固壮大奋进新时代的主流思想舆论。二是坚持以人民为中心的工作导向，举旗帜、聚民心、育新人、兴文化、展形象。始终站稳人民立场，进一步推动社会主义文化强国建设；坚持以人民为中心的创作导向，繁荣发展文化事业和文化产业；深化文化体制改革，健全现代公共文化服务体系，创新实施文化惠民工程。三是广泛践行社会主义核心价值观。发挥社会主义核心价值观凝聚人心、汇聚民力的强大力量，以社会主义核心价值观为引领，发展社会主义先进文化，弘扬革命文化，传承中华优秀传统文化，满足人民日益增长的精神文化需求。四是增强中华文明传播力影响力。坚守中华文化立场，推动中华优秀传统文化创造性转化、创新性发展，构建中国话语和中国叙事体系，讲好中国故事、传播好中国声音；加强国际传播能力建设，全面提升国际传播效能和国际话语权；深化文明交流互鉴，提升国家文化软实力和中华文化影响力。

概言之，习近平新时代中国特色社会主义思想立足于社会思想观念和价值取向深刻变化之实，探求和把握社会主义意识形态的举旗定向、立心铸魂之是，发挥了为全面建成社会主义现代化强国、实现第二个百年奋斗目标统一思想、凝聚力量、振奋精神、团结奋斗的重要作用。

六、立足资源环境约束趋紧之实，求生态文明建设之是

党的十八大以来，以习近平同志为核心的党中央从我国资源环境约束趋紧之现状出发，一以贯之坚持实事求是思想路线，着眼于满足人民群众对生态环境的需求，与时俱进地回答了为什么建设生态文明、建设什么样的生态文明、怎样建设生态文明等重大理论和实践问题，形成了习近平生态文明思想，深化了对自然生态规律和经济社会发展规律的认识，开辟了马克思主义人与自然关系理论与实践新境界。

近年来，我国生态环境保护虽然发生了历史性、转折性、全局性变化，但是严峻的资源环境压力仍然存在，中国式现代化的生态环境基础仍然脆弱，资源环境承载力逼近极限，

生态现状呼唤生态文明建设。同时，随着经济快速增长、人民生活水平的提升，人们对生态资源的需求与开发力度空前加大，能源生产增长赶不上消费增长，短缺问题日益凸显，生态资源约束趋紧是制约我国经济社会可持续发展的“瓶颈”，“特别是大气、水、土壤污染严重，已成为全面建成小康社会的突出短板”[①]。生态环境问题日益成为新的社会热点问题之一，阻碍中国式现代化的持续推进。回应人民群众对美好生态环境的需求，推进生态文明建设，是我们党坚持实事求是、探索构建和谐的人与自然关系规律的必然要求。

党的十八大以来，以习近平同志为核心的党中央着眼于我国日趋强化的资源环境约束，坚持实事求是的思想路线，站在人与自然和谐共生的高度对生态文明建设作出系列新部署新要求，开展了一系列根本性、开创性和长远性工作，推动生态文明建设迈上新台阶。一是坚持绿色发展理念。全面促进资源循环高效利用，加快推动形成绿色生产生活方式，全面推进绿色生活创建行动，不断完善绿色生产和消费的法规政策体系，法规标准的约束力、引导性进一步强化。二是

①《习近平谈治国理政》第 2 卷，外文出版社 2017 年版，第 390 页。

深入推进环境污染防治。先后颁布实施大气、水、土壤污染防治行动计划，坚决打好污染防治攻坚战，成效显著。三是提升生态系统多样性、稳定性、持续性。正确把握生态系统整体和生态要素之间的关系，遵循自然生态规律，坚持保护优先、自然恢复为主，统筹山水林田湖草沙系统治理，生态修复成效显现，着力推动形成人与自然和谐共生新格局。四是积极稳妥推进碳达峰碳中和。全国各地深入推进供给侧结构性改革，着力调整产业结构和能源结构，狠抓全社会节能减排，总体二氧化碳排放控制成效明显，单位国内生产总值二氧化碳排放下降约 34%。

概言之，党的十八大以来，习近平新时代中国特色社会主义思想立足于我国资源环境约束趋紧之实，全面坚持和贯彻党的实事求是思想路线，探求推进生态文明建设之是，尊重自然、顺应自然、保护自然，推进了人与自然的和谐共生，推动了我国生态文明建设取得历史性成就、发生历史性变革。

七、立足大党独有难题之实，求全面从严治党之是

党的二十大报告指出：“我们党作为世界上最大的马克

思主义执政党，要始终赢得人民拥护、巩固长期执政地位，必须时刻保持解决大党独有难题的清醒和坚定。”[①] 这是以习近平同志为核心的党中央站在党和国家事业发展全局的战略高度，基于对党所处的历史方位、面临的形势任务、党情的发展变化的深刻分析作出的重大论断，彰显着中国共产党管党治党的战略清醒和战略自觉。中国共产党作为在有着 14 亿多人口的大国已执政 70 多年的超级大党，党员数量规模大、党员人数众多、组织结构复杂的鲜明党情决定了大党难题的特殊性。当前世界之变、时代之变、历史之变叠加展开，我们党面临的“四大考验”“四大危险”更加复杂严峻，肩负的任务更加艰巨，如何始终赢得人民拥护、巩固长期执政地位，跳出治乱兴衰历史周期率是这一难题的根本所在。

党的十八大以来，以习近平同志为核心的党中央找到全面从严治党这一马克思主义政党建设规律之是，为破解大党独有难题提供了根本遵循。一是坚持和加强党中央集中统一

---

① 习近平：《高举中国特色社会主义伟大旗帜　为全面建设社会主义现代化国家而团结奋斗——在中国共产党第二十次全国代表大会上的报告》，人民出版社 2022 年版，第 63 页。

领导。健全总揽全局、协调各方的党的领导制度体系，完善党中央重大决策部署落实机制，确保全党在政治立场、政治方向、政治原则、政治道路上同党中央保持高度一致，确保党的团结统一，为全面从严治党提供了有力的制度保障。二是构建全面从严治党体系。坚持制度治党、依规治党，更加突出党的各方面建设有机衔接、联动集成、协同协调，更加突出体制机制的健全完善和法规制度的科学有效，更加突出运用治理的理念、系统的观念、辩证的思维管党治党建设党。三是坚持自我革命，不断增强“四自能力”。在自我净化上下功夫，纯洁党的队伍，保证党的肌体健康；在自我完善上下功夫，堵塞制度漏洞，健全监督机制，提升党的长期执政能力；在自我革新上求突破，通过革故鼎新不断开辟未来；在自我提高上下功夫，不断提升政治境界、思想境界、道德境界。四是坚决打赢反腐败斗争攻坚战持久战。坚持不敢腐、不能腐、不想腐一体推进，同时发力、同向发力、综合发力，以零容忍态度反腐惩恶，有力遏增量、清存量，“打虎”“拍蝇”“猎狐”成效显著，取得一系列制度性成果和治理效能。

概言之，习近平新时代中国特色社会主义思想从大党独有难题之实出发，面对“始终赢得人民拥护、巩固长期执政地位”的最大考题，探求党永葆先进性纯洁性、实现长期执政之是，充分彰显了我们党始终如一的忧患意识和直面难题的坚定执着，极大地深化了对共产党执政规律、管党治党规律的认识，充分体现“两个永远在路上”的清醒和坚定，确保党在新时代坚持和发展中国特色社会主义的历史进程中始终成为坚强领导核心。

八、立足世界之变、时代之变、历史之变之实，求国家安全之是

党的十八大以来，世界之变、时代之变、历史之变正以前所未有的方式展开，以习近平同志为核心的党中央从这一深刻之变的实际出发，将国家安全作为头等大事，探索中国特色国家安全道路，形成了总体国家安全观，推动国家安全体系和能力建设取得突破性进展，经受住了来自国际社会政治、经济、意识形态等方面的风险挑战与考验，为党和国家兴旺发达、长治久安提供了有力保证。

党的二十大报告指出：“当前，世界之变、时代之变、历

史之变正以前所未有的方式展开”[①]，其势已成、特征明显。把握这一“变”之“实”，是坚持实事求是研判形势、保持战略定力、把握历史主动的前提。世界之变主要指国际秩序和格局进入深度调整阶段。从政治上来说，“单边主义、保护主义、霸权主义、强权政治对世界和平与发展威胁上升，逆全球化思潮上升，世界进入动荡变革期”[②]。从经济上来看，世界经济仍然处于深度调整期，既有复苏迹象，也面临基础不稳、动力不足、速度不均的问题。时代之变主要指和平与发展的时代主题在逆风逆流中延伸。如今，世界发展又一次站在了十字路口，和平与发展的时代主题再次面临挑战，少数国家和利益集团出于自身狭隘利益公然违反国家规则、制造事端。历史之变主要指人类文明发展形成新形态。党的十八大以来，以习近平同志为核心的党中央团结带领中国人民创造出极不寻常、极不平凡的辉煌成就，深刻改变着世界发展的趋势和

① 习近平：《高举中国特色社会主义伟大旗帜　为全面建设社会主义现代化国家而团结奋斗——在中国共产党第二十次全国代表大会上的报告》，人民出版社 2022 年版，第 60 页。

② 曲青山：《从五个维度认识把握“两个确立”》，人民出版社 2022 年版，第 158 页。

格局，中国式现代化道路创造了人类文明新形态，打破了西方式现代化长期被奉为圭臬、唯我独尊之势，以新道路和新形态展现人类文明的多姿多彩。

世界之变、时代之变、历史之变，意味着识变应变的要求更高。以习近平同志为核心的党中央理性研判“我国发展进入战略机遇和风险挑战并存、不确定难以预料因素增多的时期”[①]之事实，应变而动、应变制宜，对我国国家安全作出战略擘画、全面部署，形成了总体国家安全观，全面推动国家安全建设，加快构建与之相适应的新安全格局。一是推进国家安全体系和能力现代化。党的十八大以来，以习近平同志为核心的党中央高度重视国家安全，坚持以总体国家安全观为指导，把国家安全贯穿到党和国家工作各个方面全过程之中，同经济社会发展一起谋划、一起部署，使得国家安全体系和能力建设取得突破性进展。二是提高公共安全治理水平。坚持安全第一、预防为主，我国公共安全水平和治理能

① 习近平:《高举中国特色社会主义伟大旗帜　为全面建设社会主义现代化国家而团结奋斗——在中国共产党第二十次全国代表大会上的报告》，人民出版社 2022 年版，第 26 页。

力得到显著提升，国家建成应急平台体系，应急能力建设取得明显成效，自然灾害监测预测预警时效性和准确性明显提升，公共卫生事件监测研判和控制成效明显，社会安全风险防控网基本形成。三是完善社会治理体系。以习近平同志为核心的党中央着眼于国家长治久安、人民安居乐业，建设更高水平的平安中国，完善社会治理体系，推动社会治理现代化取得重大成就，使得社会治理体制日益健全、维护政治安全取得战略成果、扫黑除恶夺取全面胜利、社会治安状况不断改善、社会矛盾总量稳中有降、服务人民群众取得显著成效、市域社会治理现代化试点深入推进、基层基础建设更加扎实，续写了社会长期稳定的伟大奇迹，让中国成为世界上最安全的国家之一。

概言之，习近平新时代中国特色社会主义思想立足于世界之变、时代之变、历史之变之实，探求推进总体国家安全观和维护国家安全之是，加快构建与之相适应的新安全格局，不断开创新时代国家安全工作新局面，有效防范化解了各种安全风险，有力确保了现代化建设和民族复兴进程不被迟滞甚至中断。

九、立足世界百年未有之大变局之实，求构建人类命运共同体之是

当前，人类又一次站在十字路口，“世界怎么了、我们怎么办”“人类社会向何处去”等成为世界各国共同面临的重大课题。党的十八大以来，以习近平同志为核心的党中央基于世界百年未有之大变局之现状，从世界力量对比和中华民族永续发展的时空坐标出发，一以贯之坚持实事求是思想路线，向世界交出了构建人类命运共同体之解答世界大变局的中国答案，为人类社会共同发展、持续繁荣、长治久安绘制了一幅美好蓝图，对中国的和平发展和世界的繁荣进步具有重大而深远的意义。

习近平总书记指出：“当今世界正处于大发展大变革大调整时期，各国相互联系和依存日益加深，人类面临许多共同挑战。”[①]这里的“变”主要表征为世界格局处在加速演变的历史进程中，国际多边体系进入瓦解与重构过程，第四次科技革命与产业变革为全球化发展注入新动力，文明交流互鉴强

①《习近平谈治国理政》第3卷，外文出版社2020年版，第479页。

化世界多元。

以习近平同志为核心的党中央高瞻远瞩，坚持实事求是的思想路线，统筹中华民族伟大复兴战略全局与世界百年未有之大变局，把握时代大势，回应世界各国人民对和平发展与公平正义的期盼，倡导共建人类命运共同体，积极推动构建新型国际关系，取得全方位、开创性的重大成果。一是坚定奉行独立自主的和平外交政策。把握发展大势，提出推动构建人类命运共同体，倡导构建团结、平等、均衡、普惠的全球发展伙伴关系和共同、综合、合作、可持续的安全观，提出全球发展倡议和全球安全倡议，受到国际社会普遍欢迎。二是推动构建新型国际关系。扎实推进构建新型国际关系的实践，推进大国协调和合作，构建总体稳定、均衡发展的大国关系框架，积极倡导共同、综合、合作、可持续的全球安全观，开辟了中国特色大国外交的崭新局面。三是奉行互利共赢的开放战略。对外开放战略扩大了中国的“朋友圈”，也使得人类命运共同体理念的实践更加生动具体，中国在自身发展的同时，让各国能够一同搭乘中国发展的“快车”和“便车”，通过政策沟通、设施联通、贸易畅通、资金融通，中国与世界经济联系更加紧密，共同在国际经贸合作中获益。

四是参与全球治理体系改革和建设。我国倡导共商共建共享的全球治理观，为全球经济治理搭建新的合作平台，坚决维护以联合国为核心的国际体系，支持国际组织在全球治理体系的改革和建设中发挥建设性作用，稳步提高给予世界发展的对外援助规模，推动提升新兴市场国家和发展中国家在国际事务中的代表性和发言权。

概言之，党的十八大以来，习近平新时代中国特色社会主义思想基于世界百年未有之大变局之实，深刻洞察人类前途命运和时代发展趋势，探求中国与世界关系的战略走向之是，提出了构建人类命运共同体理念，体现了对人类前途命运的深切关怀、对时代潮流的深刻把握，既具有鲜明的中国特色，又蕴含全人类共同价值。

第二节

守正创新是实事求是思想路线的新时代表达

守正创新是中华优秀传统文化的核心理念，是马克思主义哲学认识论的重要命题，体现着5000多年中华文明的智慧结晶，蕴含着马克思主义科学世界观和方法论的思想精华。坚持守正创新，是我们党鲜明的政治品格。习近平总书记坚持“把马克思主义思想精髓同中华优秀传统文化精华贯通起来”[①]，

① 习近平：《高举中国特色社会主义伟大旗帜　为全面建设社会主义现代化国家而团结奋斗——在中国共产党第二十次全国代表大会上的报告》，人民出版社2022年版，第18页。

创造性转化和创新性发展传统的守正创新思想，使其成为习近平新时代中国特色社会主义思想的世界观与方法论之一，成为党的实事求是思想路线的新时代表达，实现了党的实事求是思想路线的新发展。

一、守正创新是中华民族的优良传统

5000多年悠久灿烂的中华文明，孕育出中华优秀传统文化的思想智慧，浇铸着中华民族诸多伟大而独特的优良传统。“守正创新”即是其中之一。恪守正道、正心明道、改易更化、革故鼎新，人们耳熟能详的这些至理名言，贯穿其中的就是守正创新的思考与追求。正因如此，习近平总书记作出“中华民族是守正创新的民族”[①]的重大论断，同时强调：“无论时代如何发展，我们都要激发守正创新、奋勇向前的民族智慧。”[②]

中华优秀传统文化蕴含丰富的守正思想。中华民族历

①《习近平同希腊总统帕夫洛普洛斯会谈》，《人民日报》2019年5月15日。
②《习近平谈治国理政》第4卷，外文出版社2022年版，第75页。

来注重恪守正道、守正固本。何谓“正”？古人认为不偏其中，谓之“正”，不弯（曲），止直为“正”，无邪（奸）为“正”，无私为“正”，居中自“正”。在不同语境中，“正”字往往与“中”“直”“忠”等字相通，表达正直、公正、忠贞等意。中国古代圣贤均将“正”作为立身行事准则、治国理政理念予以推崇，蕴含着“守正”的内在要求。

在治国理念方面，以正训政的思想，缘起于尧、舜、禹、汤、文、武、周公的治国之道。《左传·隐公十一年》中有言：“政以治民，刑以正邪”，提出君主要用正确思想统治民众，用严刑峻法匡正邪恶。“正”也是儒家学派创始人孔子治国理政理念的核心思想。《论语·颜渊篇》中明确地讲道：“政者，正也。”强调执政者应具备廉洁、公正、高尚的品质。道家学派创始人老子在《道德经》中同样提出“以正治国，以奇用兵，以无事取天下”的思想，将“正”与“奇”相对，“正”意指遵守恒常之道即大道。

在个体行为方面，“正”还表征着人的德行修为。习近平总书记指出，“中国人历来强调‘正心以为本，修身以为基'"[①]。"正"就是要合乎"礼"，而合乎"礼"的行为就是"义"。先秦儒家视"直"为"正"，将其作为衡量个人道德修养的重要标准。孔子《论语》中讲："人之生也直，罔之生也幸而免。"一个人由于正直，所以才能够在人世间生存，不正直的人有时也能在人世间生存，那只是因为他侥幸地躲避了灾难罢了，这里即指明了正直才是人的立身之本。司马迁在《史记·酷吏列传》中称赞赵禹"据法守正"，《汉书·刘向传》中指出"君子独处守正，不挠众枉"，《后汉书·侯霸传》中评价其"在位明察守正，奉公不回"，都是对"守正"行为与思想的倡扬。

中华优秀传统文化蕴含丰富的创新思想。创新是中华文明的重要文化基因，也是中华文化源远流长、从未中断的重要原因。《礼记·大学》中言"苟日新，日日新，又日新"，《周易·乾》中说"终日乾乾，与时偕行"，《盐铁论》中讲"明者因时而变，知者随世而制"，等等，均体现了中华民族改易更化、革故鼎新的思想传统。中华文化的创新思想广泛体现在政治理论、道德观念、社会意识等领域。就政治理论

① 习近平：《推进党的建设新的伟大工程要一以贯之》，《求是》2019 年第 19 期。

领域而言，《尚书·康诰》有云：“亦惟助王宅天命，作新民。”明确提出天命与新民思想。孔颖达对“正义”解释说：“居顺天命，为民日新之教，谓渐致太平，政教日日益新也。”这是周公告诫康叔要治理好殷地民众的诰词，意指周朝的建立是顺应天命，让殷民也应顺应服从新的政教。此后，“政教日日益新”就成为历代国君奉行的治国理念。革新（创新）思想在历代政治家思想家的变法思想与变法实践中得到充分彰显。《管子·正世》中讲：“古之所谓明君者……皆随时而变，因俗而动……故其位齐也，不慕古，不留今，与时变，与俗化……故教可立而化可成也。”随时而变、因俗而动成为表现革新精神的至理名言。春秋时期的政治家、改革家商鞅在《商君书·更法》中所说的“治世不一道，便国不法古”，北宋时期的改革家王安石提出的“天变不足畏，祖宗不足法，人言不足恤”，近代梁启超在《少年中国说》中写到的“惟进取也故曰新”等，都体现了鲜明的革新思想。就道德观念领域而言，《易·系辞上》云：“富有之谓大业，日新之谓盛德。”把创大业和有盛德并提。宋代理学家程颢、程颐在解读《易经》中盛德之语时说：“君子之学必日新，日新者，日进也。不日进者必日退，未有不进而不退者也。”指出德行对于做人、日新对于修德的重要性。意在告诉人们，思想僵化、守旧呆板、不知变通，不仅是缺乏智慧也是缺乏道德的表现；只有不断顺应时代，不断创新的人，才是既具有超常智慧又具有高尚道德的人。就社会意识领域而言，《尚书·盘庚上》云："人惟求旧，物非求旧，惟新。"人的相处是有老交情的好，而对于使用的物件则是新的好。这样的认识，对促进社会大众的革新意识发挥了重大作用。

守正与创新是既相互对立又相辅相成的辩证统一关系。从其对立关系来看，守正是坚持，创新是发展；守正强调原则性，创新强调灵活性；守正注重稳定和延续，创新注重改变和突破；守正承接历史，创新谋划未来。从其统一关系来看，守正是创新的前提和基础，只有坚持守正，创新才有坚实的基础、明确的方向。偏离守正的创新不是真正意义的创新；创新是守正的目的和路径。只有坚持创新，守正才能获得不竭的活力源泉。中国古圣先贤早就认识到了创新必须守正的道理。《周易》主张"革"必须"顺乎天而应乎人"，要遵循事物的发展规律，顺应人民的心意，"损益盈虚，与时偕行"，适时适用，非可贸然而变。守正与创新辩证统一的思想，在中华传统文化关于常和变、经和权的辩证关系的论述中得到了鲜明体现。《荀子·解蔽》中说道：“夫道者，体常而尽变，一隅不足以举之。”明确揭示了常与变的对立统一关系。王夫之在《周易外传》中提出“常以制变，变以贞常”，认为常可以制约变，变可以显现常，强调“变化之无常而不爽其则”，事物变化既具有一定的偶然性，又遵循着一定的固有规律，主张“执常以迎变，要变以知常”，作为认知主体的人，既要掌握一般的规律，以顺应客体的发展变化，又要根据客体的发展变化，反过来更为深刻地掌握一般规律。中华传统文化中还蕴含既要坚持守“经”，又要善于行“权”的辩证方法。“守经”意在坚持原则性（常），“行权”意在注重灵活性（变）。《春秋公羊传·桓公十一年》中提出：“权者何？权者反于经，然后有善者也。”表面上看来，行权违背常道，貌似离经叛道，然而有利于事物取得圆满结果。同时强调“行权有道”，既不赞成守经而无权，遵道而不尚变的做法，也不主张脱离基本准则，妄加变通、妄自行权的做法。这展现了对“变”与“常”、“经”与“权”、“守正”与“创新”辩证统一的精到理解。

因此，守正创新是中华优秀传统文化的核心思想，深刻蕴含着中华民族恪守正道与革故鼎新的传统智慧。经过5000

多年的历史积淀，守正创新日益融入中华民族的精神血脉，业已成为中华文明的精神特质。

二、守正创新是马克思主义认识论的重要范畴

作为中华文化核心理念与中华民族优良传统的守正创新，同时也是马克思主义认识论的重要范畴，深刻蕴含着辩证唯物主义和历史唯物主义的基本原理，高度契合党的实事求是思想路线的本质要求，充分体现了马克思主义政党认识世界与改造世界的根本的思想方法和工作方法。习近平新时代中国特色社会主义思想坚持守正创新，实现了对实事求是思想路线的新时代表达，“坚持守正创新”也成为习近平新时代中国特色社会主义思想的世界观和方法论之一。

守正创新贯穿马克思主义物质第一性、实践第一性原理的内在要求。从“守正”来看，守正是指恪守事物的固有本质和客观规律，也就是坚持从客观事实出发，从事物存在、发展的客观规律出发，科学把握事物本质，自觉按规律办事，

即如习近平总书记所指出的“要坚守正道、追求真理”[①]。显然，守正本身蕴含着对事物客观实在性的承认，对客观规律与客观真理的尊重，坚持把客观事物、客观规律、客观真理作为认识世界与改造世界的根本出发点，而不是从任何主观的臆想出发，体现了“一切从实际出发”，物质第一性、实践第一性的唯物主义基本原理。可见，中国传统哲学中主要作为道德践履原则的“守正”，经过习近平新时代中国特色社会主义思想的创造性转化与创新性发展，已经成为马克思主义认识世界和改造世界的方法论原则，具有了一般认识论的含义，即尊重客观实际，按客观规律办事。从守正创新中的“创新”来看，作为主观能动性的集中体现，创新不是凭空捏造，不是主观臆想，而是有条件、有前提的。这个前提和条件就是守正。只有坚守正道，遵循规律，才能使事物在合规律性的正道上实现新发展。相反，违背现实与规律的任何所谓创新活动只会把事物发展引向歧路。对此，习近平总书记明

① 习近平：《在知识分子、劳动模范、青年代表座谈会上的讲话》，《人民日报》2016 年 4 月 30 日。

确指出："守正才能不迷失方向、不犯颠覆性错误"[①]，我们的创新"必须建立在历史发展规律之上，必须行进在历史正确方向之上"[②]。显然，习近平新时代中国特色社会主义思想对守正创新的发展，鲜明体现了发挥主观能动性必须以尊重客观规律为前提的唯物主义基本原理。无论守正还是创新，其本质都是坚持从客观存在的事实出发，坚持把立足客观实际、遵循客观规律作为认识世界与改造世界的根本出发点，充分体现了马克思主义物质第一性和实践第一性原理的内在要求。

守正创新内蕴马克思主义唯物辩证法的精神实质。事物在前进的、上升的运动、变化中，"否定自己从前的存在形式"[③]，这就是发展。发展的实质是旧事物的灭亡和新事物的产生。这种"否定"不是抛弃，而是"扬弃"，是包含了肯定在内的辩证的否定。辩证否定观作为唯物辩证法的核心内容，

---

① 习近平：《高举中国特色社会主义伟大旗帜　为全面建设社会主义现代化国家而团结奋斗——在中国共产党第二十次全国代表大会上的报告》，人民出版社 2022 年版，第 20 页。

② 习近平：《建设中国特色中国风格中国气派的考古学 更好认识源远流长博大精深的中华文明》，《求是》2020 年第 23 期。

③《马克思恩格斯选集》第 1 卷，人民出版社 1972 年版，第 169 页。

阐明了任何事物内部都是肯定中包含着否定，否定中包含着肯定的客观真理，指明了事物发展的方向和道路。守正创新中守正和创新的每一个环节，都是既有肯定又有否定的。首先从守正来看，一方面守正强调“要有志不改、道不变的坚定”①，坚持“不该改的、不能改的坚决不改”②，这无疑是一种肯定；另一方面，守正不是对既有事物各个方面的全部坚守，只是对其合理因素的肯定和保留，主张“该改的、能改的坚决改”，无疑又是一种否定。其次，从创新来看，创新隐含着以否定性的思维对待现存事物以生成新事物之意，意味着抛弃现存事物中丧失了必然性的消极的、过时的因素，并且增加了现存事物中顺应时代发展所需要的新内容。这表明，创新包含着“对现存事物的否定的理解”。同时，“人们自己创造自己的历史，但是他们并不是随心所欲地创造，并不是在他们自己选定的条件下创造，而是在直接碰到的、既定的、从过去承继下来的条件下创造”③。守正是创新的前提，创新

①《习近平谈治国理政》第3卷，外文出版社2020年版，第184页。
②《习近平谈治国理政》第3卷，外文出版社2020年版，第184页。
③《马克思恩格斯选集》第1卷，人民出版社2012年版，第669页。

不是全盘否定现存事物，一定是以现存事物、以历史“已有”为基础的。这表明，创新又包含着“对现存事物的肯定的理解”。可见，习近平新时代中国特色社会主义思想对守正创新的发展，鲜明地体现了辩证否定观的精神实质，闪耀着马克思主义唯物辩证法的思想光芒。

守正创新体现马克思主义绝对真理与相对真理辩证统一的重要原理。绝对真理与相对真理的辩证统一原理，为我们党坚持“守”马克思主义基本原理之“正”，“创”马克思主义中国化理论之“新”提供了重要的认识论基础。与一切科学真理一样，马克思主义真理既是绝对的又是相对的。一方面，马克思主义深刻揭示了自然界、人类社会以及人的思维的生成与运动的基本规律，为人们正确认识世界与改造世界提供了具有普遍指导意义的思想原则，“是我们认识世界、把握规律、追求真理、改造世界的强大思想武器”[①]。自从马克思主义诞生以来，社会实践一次又一次地证明了它的颠扑不破的真理性。从这个意义上说，它是绝对真理。我们之所以坚持对马克思主义的守正，正是因为它是绝对真理。习近平

①《习近平谈治国理政》第4卷，外文出版社2022年版，第30页。

总书记指出："无论时代如何变迁、科学如何进步，马克思主义依然显示出科学思想的伟力，依然占据着真理和道义的制高点。"①明确要求"守正就不能偏离马克思主义"，充分展现了我们党守正马克思主义的鲜明态度。另一方面，马克思主义并没有穷尽客观事物及其发展规律，它的一般原理的实际运用随时随地需要以条件变化而转移。从这个意义上说，马克思主义又是相对真理。之所以强调创新马克思主义，正因为它是相对真理。习近平总书记反复强调，我们要"把坚持马克思主义和发展马克思主义统一起来，结合新的实践不断作出新的理论创造，这是马克思主义永葆生机活力的奥妙所在"②，要"用鲜活丰富的当代中国实践来推动马克思主义发展"③，坚持不懈地用发展着的马克思主义最新成果武装头脑、指导实践，充分展现了我们党对马克思主义的创新态度。因此，习近平新时代中国特色社会主义思想坚持守正马克思主义，"守"的就是马克思主义真理之"正"；坚持创新马克思

① 习近平：《论党的宣传思想工作》，中央文献出版社 2020 年版，第 221 页。
② 习近平：《论党的宣传思想工作》，中央文献出版社 2020 年版，第 224 页。
③《习近平谈治国理政》第 3 卷，外文出版社 2020 年版，第 76 页。

主义，“创”的就是马克思主义真理之“新”。

守正创新彰显马克思主义唯物史观的鲜明立场。“历史活动是群众的活动。”[①]人民是历史活动的主体和真正的主人，是推动历史前进的根本动力。中国共产党始终坚持一切为了人民，一切依靠人民，展现了彻底贯彻人民史观的主动性与自觉性。人民史观体现在中国共产党治国理政的方方面面，坚持守正创新，同样深刻蕴含着人民史观的鲜明立场与内在要求。

守正创新中的“守正”意指恪守正道，而所谓正道之“道”蕴含道路、道理、道义等多种含义。马克思主义因其科学性占据着真理的制高点，因其人民性占据着道义的制高点，永远占据着真理和道义这两个制高点，是马克思主义“行”的根本所在。中国共产党作为马克思主义政党，坚持守正创新，既要坚守中国特色社会主义道路之正，也要坚守马克思主义所揭示的各种规律即道理之正，还要坚守人民至上这个最高道义之正。理论创新是中国共产党守正创新的核心内容。习近平总书记在党的二十大报告中指出：“党的理论是来自人

①《马克思恩格斯文集》第1卷，人民出版社2009年版，第287页。

民、为了人民、造福人民的理论，人民的创造性实践是理论创新的不竭源泉。”[①]这一重要论述，从党的理论创新维度，彰显了我们党在坚持守正创新中蕴含的人民立场与人民史观。

党的理论是来自人民的理论，“一切脱离人民的理论都是苍白无力的”[②]，生动诠释了中国共产党“依靠谁”的问题，充分体现了人民史观关于人民是历史创造者，是历史实践主体的思想；党的理论是为了人民、造福人民的理论，“一切不为人民造福的理论都是没有生命力的”[③]，生动诠释了中国共产党“为了谁”的问题，充分体现了人民史观关于人民是历史价值主体的思想；党的理论是由人民评判的理论，“时代是出

① 习近平：《高举中国特色社会主义伟大旗帜 为全面建设社会主义现代化国家而团结奋斗——在中国共产党第二十次全国代表大会上的报告》，人民出版社2022年版，第19页。

② 习近平：《高举中国特色社会主义伟大旗帜 为全面建设社会主义现代化国家而团结奋斗——在中国共产党第二十次全国代表大会上的报告》，人民出版社2022年版，第19页。

③ 习近平：《高举中国特色社会主义伟大旗帜 为全面建设社会主义现代化国家而团结奋斗——在中国共产党第二十次全国代表大会上的报告》，人民出版社2022年版，第19页。

卷人，我们是答卷人，人民是阅卷人”①，生动诠释了中国共产党“由谁评判”的问题，充分体现了人民史观关于人民是历史评判主体的思想。

三、新时代守正创新是党的实事求是思想路线的时代表达

兼具传统文化概念和马克思主义原理范畴意义的新时代守正创新，充分体现了党的实事求是思想路线的本质要求，与解放思想、实事求是、与时俱进、求真务实等各个历史时期党的实事求是思想路线的精髓相互贯通、内在统一，是党的实事求是思想路线的新时代呈现和新时代表达。

新时代守正创新契合党的实事求是思想路线的内在要求。新时代守正创新有着丰富的科学内涵。就一般意义来说，所谓守正，意即按照事物本身固有的本质属性与事物发展内蕴的客观规律办事，也就是习近平总书记所说的“坚守正道、追求真理”②，包括坚守正确的道路、道理、道义。对于中国共

①《习近平谈治国理政》第3卷，外文出版社2020年版，第70页。

② 习近平:《在知识分子、劳动模范、青年代表座谈会上的讲话》,《人民日报》2016年4月30日。

产党和中国人民来说，“守正就不能偏离马克思主义、社会主义”[①]，就是要始终坚持中国共产党领导，始终坚持马克思主义指导，始终坚持中国特色社会主义道路。所谓创新，就是革故鼎新、推陈出新，意即主体充分发挥主观能动性，有意识、有目的地按照主体需要创造出新生事物。由守正与创新联结而成的固定词组守正创新，就一般意义来说，其含义是指主体遵循事物本身固有的本质属性与事物发展固有的客观规律，为满足主体需要，有目的、有意识地进行创造性实践以生成合目的性与合规律性的新事物。对于中国共产党和中国人民来说，坚持守正创新，就是要按照习近平总书记指出的“以科学的态度对待科学、以真理的精神追求真理，坚持马克思主义基本原理不动摇，坚持党的全面领导不动摇，坚持中国特色社会主义不动摇，紧跟时代步伐，顺应实践发展，以满腔热忱对待一切新生事物，不断拓展认识的广度和深度，敢于说前人没有说过的新话，敢于干前人没有干过的事情，以

① 习近平：《思政课是落实立德树人根本任务的关键课程》，《求是》2020 年第 17 期。

新的理论指导新的实践”[1]。具体而言，就是要不断深刻认识和深入把握共产党执政规律，守党的全面领导之正，创中国共产党自我革命之新；不断深刻认识和深入把握社会主义建设规律，守中国特色社会主义之正，创中国式现代化之新；不断深刻认识和深入把握人类社会发展规律，守马克思主义基本原理之正，创马克思主义中国化时代化之新。

习近平新时代中国特色社会主义思想中的守正创新理念，高度契合党的实事求是思想路线的内在要求。党的实事求是思想路线的基本内容，强调“实际”、“实事”和“实践”，以“实”为出发点，要求在认识世界和改造世界过程中，坚持“是”从“实”来，“真”从“实”出；强调“求是”“发展真理”，要求在认识世界和改造世界过程中，坚持发挥主观能动性，不断探求新规律，形成新认识，指导新实践，既契合守正要求也契合创新要求。党的实事求是思想路线在党领导革命、建设、改革的历史进程中不断丰富发展，接续产生了不同

① 习近平：《高举中国特色社会主义伟大旗帜　为全面建设社会主义现代化国家而团结奋斗——在中国共产党第二十次全国代表大会上的报告》，人民出版社 2022 年版，第 20 页。

历史阶段党的思想路线的时代精髓，即解放思想、实事求是、与时俱进、求真务实。习近平总书记在不同场合的重要讲话中，既有将守正创新与解放思想并列连贯使用的时候，又有将守正创新与实事求是、与时俱进、求真务实并列连贯使用的时候。这表明，守正创新与解放思想、实事求是、与时俱进、求真务实相互贯通、内在统一。一方面，后者是前者的前提。只有坚持解放思想、实事求是、与时俱进、求真务实，实现思想和实际相结合、主观和客观相符合、合规律性与合目的性相统一，才能真正做到守正创新。不解放思想，不在马克思主义指导下打破习惯势力和主观偏见的束缚；不实事求是，不从既定的历史条件出发探求事物发展规律；不与时俱进，不顺应时代变化和时势转换研究新情况解决新问题；不求真务实，不坚持认识世界与改造世界相统一不断探索真理切实付诸实践，守正创新都是空谈。另一方面，前者是后者的必然要求。客观世界是永恒发展变化的，人们对客观世界的认识与改造，也必然随着客观世界的变化而变化。解放思想不可能一次完成，实事求是不可能一劳永逸，与时俱进不可能一步到位，求真务实不可能一蹴而就，必须随时保持守正创新的精神状态。只有始终坚持守正创新，才能在任何时候都切实做到解放思想、实事求是、与时俱进、求真务实。

新时代守正创新具备成为党的实事求是思想路线重要内容的理论地位。“每个原理都有其出现的世纪。”[①]中国特色社会主义新时代，面对百年未有之大变局，习近平总书记强调主动识变应变求变，主张以守正应不变，以创新应万变，提出守正创新理念，作为奋进新征程、建功新时代的思想指引，推进党和国家事业发展的根本遵循和行动指南，具有鲜明的时代特征与现实针对性。思想路线问题本质上是世界观、方法论问题。一个政党能否确立正确的思想路线，究其根本，取决于这个政党是否拥有科学世界观和方法论作为指导。中国共产党之所以能创立实事求是思想路线，就是因为拥有马克思主义科学世界观与方法论作为指导。正如习近平总书记所指出的：“实事求是，是毛泽东同志用中国成语对辩证唯物主义和历史唯物主义世界观和方法论所作的高度概括。”[②]在党的十九届六中全会精神专题研讨班上，习近平总书记强调指出：“我们要准确把握时代大势，勇于站在人类发

①《马克思恩格斯选集》第1卷，人民出版社2012年版，第227页。

② 习近平：《坚持实事求是的思想路线》，《学习时报》2012年5月28日。

展前沿，聆听人民心声，回应现实需要，坚持解放思想、实事求是、守正创新，更好把坚持马克思主义和发展马克思主义统一起来，坚持用马克思主义之‘矢’去射新时代中国之‘的’，继续推进马克思主义基本原理同中国具体实际相结合、同中华优秀传统文化相结合，续写马克思主义中国化时代化新篇章。”[①] 守正创新与解放思想、实事求是并列，被赋予与解放思想、实事求是同样重要的理论地位。党的二十大报告明确指出：“继续推进实践基础上的理论创新，首先要把握好习近平新时代中国特色社会主义思想的世界观和方法论，坚持好、运用好贯彻其中的立场观点方法。”[②] 坚持守正创新作为“六个坚持”之一，被赋予了习近平新时代中国特色社会主义思想世界观和方法论的理论地位。在《中共中央关于党的百年奋斗重大成就和历史经验的决议》中，守正创新作为新时代取得伟大成就的思想基础，突显了其对推进中国特色

①《习近平谈治国理政》第 4 卷，外文出版社 2022 年版，第 30 页。
② 习近平：《高举中国特色社会主义伟大旗帜 为全面建设社会主义现代化国家而团结奋斗——在中国共产党第二十次全国代表大会上的报告》，人民出版社 2022 年版，第 18—19 页。

社会主义事业的指导作用。“一百年来，我们党坚持解放思想和实事求是相统一、培元固本和守正创新相统一，不断开辟马克思主义新境界，产生了毛泽东思想、邓小平理论、‘三个代表’重要思想、科学发展观，产生了新时代中国特色社会主义思想，为党和人民事业发展提供了科学理论指导。”[①]在这里，习近平总书记阐明了新时代守正创新是马克思主义中国化的内在机理。新时代守正创新已然具备成为党的实事求是思想路线重要内容应有的理论地位。

新时代守正创新彰显中国共产党坚持“两个结合”丰富发展党的思想路线的基本规律。推进马克思主义基本原理同中国具体实际相结合、同中华优秀传统文化相结合，既是马克思主义中国化的内在规律，也是党的实事求是思想路线产生、发展、演进的内在规律。党的实事求是思想路线创立之初，毛泽东就明确指出，如果不解决思想路线问题，“就无法使我们在将马克思列宁主义的普遍真理和中国革命的具体实践互相结合的伟大事业中更进一步”[②]。邓小平认为，思想路线

①《习近平谈治国理政》第 4 卷，外文出版社 2022 年版，第 509—510 页。
②《毛泽东选集》第 3 卷，人民出版社 1991 年版，第 796 页。

“就是坚持马克思主义，坚持把马克思主义同中国实际相结合，也就是坚持毛泽东同志说的实事求是”[①]。这表明，“两个结合”与思想路线、实事求是内在统一。梳理党的思想路线的发展历程便可发现，有一根红线一直贯穿始终，这就是我们党在坚持马克思主义认识论的基础上，始终注重挖掘改造中华优秀传统文化中那些跨越历史时空、富有永恒魅力、具有当代价值的概念、理念，通过阐释其时代内涵，赋予其世界观方法论意义，以此确立、丰富、发展党的思想路线。众所周知，毛泽东将“实事求是”这一既蕴含马克思主义哲学原理又具有中华传统文化底蕴的思想，改造成为党的思想路线的实质和核心，是中国共产党推进“两个结合”的光辉典范。新时代，习近平总书记将“守正创新”这一中华民族的优良传统，改造成为马克思主义哲学命题，赋予其马克思主义世界观与方法论的理论地位，使其继解放思想、实事求是、与时俱进、求真务实之后成为党的思想路线的时代精髓，进一步丰富发展了党的思想路线，这是中国共产党推进“两个结合”的又一光辉典范。

①《邓小平文选》第3卷，人民出版社1993年版，第62页。

后记

千年学府，岳麓书院。实事求是，从古老的岳麓书院走来，从深厚的湖湘文化中走来，从悠久的中华文化中走来。2020 年 9 月 17 日，习近平总书记来湖南考察，专程来到湖南大学，来到岳麓书院，提出了“岳麓书院是党的实事求是思想路线的一个策源地”的重要论述。

作为党的思想路线，实事求是思想路线是马克思主义基本原理同中华优秀传统文化的完美契合，是“两个结合”的典范。岳麓书院与实事求是思想路线有着密切的逻辑关联和内在的逻辑理路，对这一逻辑关联和逻辑理路进行过往、现在与未来相统一的长时段、纵深性研究，是本书的主旨。

本书由湖南省社会科学院（湖南省人民政府发展研究中心）、湖南省实事求是研究院组织编写。由钟君确定主题、拟定提纲、组织撰写并修改统稿，汤建军、程潇靓参与了组织和统稿工作。各章作者具体分工如下：刘志刚负责撰写绪论，张利文负责撰写第一章，刘志刚、张建坤负责撰写第二章，王安中、李铁明、蒋俊毅、陈艳丽负责撰写第三章，黄海、伍新林、舒隽、徐淑芳负责撰写第四章。

本书的编写出版得到了中共湖南省委宣传部的精心指导，得到了东方出版社的大力支持，在此一并表示感谢。